教｜育｜知｜库

教育 停不了的爱

吴成花————

著

光明日报出版社

图书在版编目（CIP）数据

教育　停不了的爱 ／ 吴成花著 . -- 北京：光明日
报出版社，2022.10

ISBN 978 - 7 - 5194 - 6865 - 1

Ⅰ . ①教… Ⅱ . ①吴… Ⅲ . ①教育工作 Ⅳ . ①G4

中国版本图书馆 CIP 数据核字（2022）第 190878 号

教育　停不了的爱

JIAOYU　TINGBULIAO DE AI

著　　者：吴成花

责任编辑：杜春荣　　　　　　　责任校对：房　蓉　李佳莹

封面设计：中联华文　　　　　　责任印制：曹　净

出版发行：光明日报出版社

地　　址：北京市西城区永安路 106 号，100050

电　　话：010-63169890（咨询），010-63131930（邮购）

传　　真：010-63131930

网　　址：http：// book. gmw. cn

E - mail：gmrbcbs@ gmw. cn

法律顾问：北京市兰台律师事务所龚柳方律师

印　　刷：三河市华东印刷有限公司

装　　订：三河市华东印刷有限公司

本书如有破损、缺页、装订错误，请与本社联系调换，电话：010-63131930

开　　本：170mm×240mm

字　　数：208 千字　　　　　　　印　　张：14.5

版　　次：2023 年 8 月第 1 版　　　印　　次：2023 年 8 月第 1 次印刷

书　　号：ISBN 978 - 7 - 5194 - 6865 - 1

定　　价：68.00 元

自　序

教育拾零且歌且行

　　世间经历，皆为遇见。若是师生遇见，可以在静好的岁月里共同成长、互相温暖，流淌的全是晶莹的浪花和美好的憧憬；若是师生遇见，可以在彼此的年轮和时光轴里相互辉映、相互交融，人生因此变得充盈美丽。

　　梦想体现出一个人的精神，不同的人有不同的梦想：普通百姓的梦想就是幸福安康、安居乐业；军人的梦想就是保家卫国，建功立业；商人的梦想是逐梦弄潮，财源滚滚；学生的梦想则是通过努力升入自己理想的高一级学府……

　　"小时候，我以为你很美丽，领着一群小鸟飞来飞去；小时候，我以为你很神奇，说上一句话也惊天动地……长大后我就成了你，才知道那支粉笔，画出的是彩虹，洒下的是泪滴；长大后我就成了你，才知道那个讲台，举起的是别人，奉献的是自己……"每当听到这优美的旋律时，总让儿时的我感心动耳，荡气回肠！不知从何时起，长大后要当一名人民教师成了我儿时的梦想。

　　我生长在一个普普通通的农村家庭，兄弟姊妹四个，我排行老三，父母的文化水平虽然不高，但性格豁达，非常支持子女读书。我的学习成绩并不突出，但我学习比较用功，因为老师曾经说过"勤能补拙"。至今还让我印象深刻的是，1984 年，那时候我上中学，住校的条件非常艰苦，但是我以苦为乐，为了考学，每天晚上学习到深夜，没有电灯，每天晚上靠汽灯、煤油灯学习，脸被熏得漆黑。有一天晚上，我看书睡着了，再醒来时已是深夜 2 点，煤油灯歪倒还把我同学的被子烧了个大窟窿。现在我们同学聚会时还常常以此为乐。

　　功夫不负有心人，1989 年，只有 19 岁的我带着学生时代的梦想，满怀激情地走上了神圣的教坛。寒来暑往，从最初的枣沟头小学到盛庄小学、朱保小学，再到临沂四小，又到义堂如意小学，再回到临沂四小，经历了从农村到城市，从城市再到农村后又回到城市的过程，但是其间我从未离开教学第一线。回想前后 17 年的农村教学经历，我始终怀着一颗执着的心，踏踏实实，勤奋工作，不计较，不抱怨，风风雨雨，无怨无悔。1992 年，我调入罗庄区盛庄中心小学任教，一年后陈作鉴担任校长，我的教学生涯也迎来了一个重要的转折期。陈校长是一位知人善任的开明校长，由于我的班级管理较有特色，教学成绩比较突出，校长便多次鼓励并安排我在全镇乃至全区教师大会上进行经验介绍。慢慢地我在罗庄区的知名度提高了，我的工作热情和自信心也提高了。一分耕耘一分收获，1997 年我光荣地加入了中国共产党，1998 年教科研工作开始崭露头角，我撰写的两篇论文被评为国家级优秀教科研论文，之后又有十多篇论文在《中国教育》《山东教育》《沂蒙教育》等刊物发表，并参加了中小幼现代科技教育国家教委重点实验课题研究，获得国家级教科研成果奖。2001 年 10 月是我教学生涯的一个重要转折点，1999 年 9 月荣获"山东省优秀教师"称号，我被推荐参加了全国骨干教师跨世纪园丁工程培训，让我有了与全国各地优秀教师交流学习的机会。在培训期间我还代表山东学员参加了各省的教学风格展示会讲课比赛，获得所有与会专家的好评。2002 年 10 月获得山东省特级教师称号。我深深感到在农村基层教育这片广阔天地里，只要奋斗，完全是大有可为的。如果说农村基层教学是我成长和腾飞的摇篮，那么城市一线教学则是我再创辉煌的基石。当我走入环境优美的城市校园后，这里人才济济，竞争不断，高水平的教学，更创新的理念，让我重新感受到了压力。我一直告诫自己，必须摆正位置，踏实工作，要让成绩来证明自己。之后无论是在教学工作中，还是在班主任工作中，我都时时以一个优秀教师的标准严格要求自己，勇挑重担，既教书又育人，不断紧跟教育改革的步伐。我从一名极为平凡的普通教师成为一名具有高级职称的特级教师，教学成绩始终排在前位，所管理的班级得到家长和领导的好评，多次获得市级"优秀教学成绩奖"和区级"优秀教师"称号，先后获得区级"十大杰出青年""劳动模范""教学能手""十佳师德标兵""优秀班主任""十佳少先队辅导员"等荣誉称号，我深知这些荣誉的取得，离不开我工作的良好成长环境，离不开学校校长、同事及各级领导对我的关心、支持和帮助。这些奖项的称号是党和政府对我们这些立志扎根教学一线、一步一步成长起来的教师的有力褒奖和肯定。

屈指一算，我已度过了33年的教学岁月，担任班主任工作也已满28年，我的教学生涯中既有顺风顺水，也有磕磕绊绊，既有平常平庸，也有精彩精美，教育之路无论怎样曲折，我都没有选择放弃。因为我在教育教学成长的路上，寻找到了自己的灵魂和依靠，也就是所说的教育根底。令人感到欣慰的是我取得的点滴成功终于也有了时间的见证，在学生心中播下的种子也开花结果了，这也是我这些年来所追求的。

从教多年，我最大的感悟就是在教育中要做到固守"四心"。

一是坚守一颗"初心"。这是扎根教育，奉献教育的初心。从迈入教坛的那一天起，我就懂得与教育结缘就意味着尽职、奉献和付出；从事教育工作就要淡泊名利、勤勤恳恳、以苦为乐。多年来，我一直把"锐意进取、甘于奉献"作为个人的奋斗理念，把"让每个学生都获得成功"作为育人的目标，在这片美丽而圣洁的天地里，执着地倾洒着自己的心血和汗水。虽然我不是物质的富有者，但却是精神的贵族，我拥有点燃心灵之火的星星火炬，拥有孩子们、家长们的敬重与爱戴，更拥有对事业不断探索而感到充实以及取得成功的快乐。在这平凡的岗位上，我找到了乐趣，充实了自我，赢得了幸福。

记得苏格拉底有一句至理名言："认识你自己。"人只有正确地认识自我，坦然地接受自我，才能适应生活和工作，才能完善、提高自我，才能创造出理想的自我。我非常赞同这句话，同时我也为自己制定了格言：我很笨，但我很勤奋，我会固守着这份钟爱的事业，让信心伴我成功。

　　大家知道教育的过程既是一个传授知识的过程，又是不断汲取新知识的过程。有这样一句话说得好："问渠那得清如许，为有源头活水来。"在教学中我深知取得"活水"的重要，也越来越感到自己知识结构上的不足。为此，我利用碎片时间翻阅了大量的书刊，详细阅读有关现代教育学、心理学诸方面的书籍和资料，尤其注意近几年来有关素质教育方面的研究和发展动向，使自己在掌握和运用教育理论水平方面有了很大的提高。随着认识的提高和实践的加深，我逐渐感觉到教学工作不仅是一门科学，更是一门艺术。要想提高教师的工作效率，我们就要把握教育教学本身的客观规律，正确理解和运用好教育教学规律，我们在教学工作中不难发现，有时我们付出了很多，但最终取得的效果不一定理想，很重要的原因就在于没有按教学规律办事。找到既科学又适合自己的教学方法需要艰苦的探索，平时，我每上完一堂课，都坚持做好教后分析札记，每完成一个单元的教学都进行认真的梳理总结。几年来，记理论笔记、教学心得札记共计20多万字，每学年听评课都在300节以上，并探索出了一套行之有效的教学方法。如总结出了语文课堂教学"交流预习、小组合作、答疑解难、以读代讲、迁移拓思"的教学方法，思品课堂教学"兴趣感化、辨析点化、诱思深化、训练强化"的四环节教学方法，从而提高了课堂教学效率，减轻了学生负担，使学生学得灵活、扎实。因此，我所教的课程，学生成绩一直居全区前列，本人也连续多年获市区级优秀教学质量奖。

　　二是播撒一颗"爱心"，关心爱护全体学生。在十几年的教学生涯中，我深深地感受到要做一位名副其实的好教师，光教好书是不够的，还要时时不忘育人，要把自己的爱无私地洒向每个学生，洒遍每一个角落。可以这样说：没有爱就没有教育。总结我的教育工作，主要做到了以下几点：

　　以人为本——增强育人观念。对孩子真正地理解和关爱，用孩子的眼光看孩子，用孩子的心理想孩子，给每个孩子平等的机会，让每个孩子都抬起头来走路。当学生身上出现错误、缺点时，我总是尽力地与孩子缩短心的距离，用孩子的心理去思考问题、解决问题，让学生在与我的交流中不知不觉地克服自己的不足。平时，我总是在思考这样一个问题：怎样让孩子在实践中真正有所得、有所获。为了和孩子有共同语言，我利用课余时间看他们喜欢的动画片，设计孩子们喜欢的活动，寻找他们关心的话题。放学后，我还经常以朋友的身份和孩子聊天，以儿童化的语言去打动孩子，这样，我与学生之间就架起了一座心灵的桥梁。

以情为依——俗话说"感人心者，莫先乎情"。只有动之以情，晓之以理，才能更好地导之以行。几十年来，我努力做到于细微处见真情，真诚付出后，收获的必定是学生更多的真心。感受学生们的心灵之语，便是我最快乐的一件事！一年级有个女生叫毛毛，因喜爱写作经常找我给她指导，一来二去我们两人的感情迅速升温，她平时有什么事都愿意和我诉说。有一段时间我观察到她有些精神不振，好像有什么心事，一问才知道她的妈妈要去上海读博士，要有很长一段时间不在家，因为想妈妈觉得孤单，有些情绪波动。我把她叫到身边，搂在怀里，说："你看啊，老师给你出个主意，妈妈不在家的这些天你要好好学习，等妈妈回来，你就和妈妈比一比，看谁学的东西多，看谁学出的成绩好，怎么样？"毛毛情绪稳定下来后，集中精力投入到学习中去。后来她悄悄对我说："吴老师，您就像我的妈妈！"家长把孩子交给我们培养，就是对我们最大的信任，我们应该尽最大努力教育他们，爱他们。换位思考，我心中常常想着两句话"假如这是我的孩子""假如我是这些孩子"，对孩子视如己出，这种爱的情感让我对孩子有了更多的宽容、理解和尊重，所以我要用至真至诚的心面对我的学生，呵护我的学生。

三是善于"聚力凝心"，用真诚凝聚老师的心、学生的心和家长们的心。2005年，我完成支教工作后，从朱保小学回到临沂四小，被学校安排担任语文教研组组长，在这个岗位上我干了8年，在担任教研组长期间，首先我注重加强青年教师的培养，抓住青年教师积极上进的特点，引导他们坚持正确的政治方向，激发他们热爱学校、热爱本职工作的情感，经常组织同组老师们听、看优秀教师事迹报告会，经常与他们促膝谈心，一同学习教师职业道德规范，树立教师为人师表的良好形象。其次，特别注重向他们全面渗透学校"人格+情感+制度"的管理模式，让他们清楚学校的管理思路，认识学校内部公平、公正的评价机制，让全体教师站在同一起跑线上，为自己铺设良好的轨道。通过不懈努力，加上共同的追求、共同的志趣、共同的情感把我们凝聚在一起，大家互敬互帮，亲如兄弟姐妹。

这一年我们被评为区级优秀教研组，我也获得区级"优秀教研组长"荣誉称号。2017 年暑假后，我又担任一年级语文教研组长，我带领全组老师狠抓学生的行为习惯，在班级管理中，我特别重视与家长的交流沟通，通过畅通沟通渠道、做好分类指导、重视个别交流的方式，通过家委会、家长会、家访、电话、微信群等与家长敞开心扉交流，做到有求必应、有问必答、有难必解。

我们在家校合作上特别推行了"集优积分进家庭"活动，指导家长在家中分项目设立孩子的学习篇、运动篇、家务篇、进步篇等活动积分标准，家长作为执行监督人，参与孩子的指导、记录及召开快乐会议等，并随时与班主任交流，我会在班级积分总结会上，将其中比较好的做法及时介绍推荐给家长们。其中我班项梁徽、李丹雪、朱明峰等同学的家庭集优积分活动案例得到了中国杰出管理者，华之梦 e 积分创始人李维新的高度赞誉。短短一个月的时间，一年级 12 个班级常规训练有序，得到学校领导、老师和家长们的一致称赞，尤其是年终期末考试，一年级 12 个班级的语文成绩优秀率均达到 100%，其中我所带的一年级（4）班 57 名同学有 53 名取得 100 分。

四是秉持一颗"恒心"，就是对教育理想持之以恒的追求。对此，教师要热爱自己所从事的教育事业，全身心地投入到自己的事业中，为实现自己的理想不断实践，加倍努力地工作，保持一颗永不言败的恒心。德国诗人席勒说过："只有恒心可以使你达到目的。"在确定了人生奋斗的目标后，我们应该坚信，只要我们为实现目标而奋斗，我们的最终目标就一定能够达到。教师的"恒心"需要我们用心长期去历练，我们平时的一举手一投足，或者一个微笑一个暗示都要让学生感受到一种力量：我行，我一定能行！我就是太阳，我就是最好的那一个，世界因我而美好！教育的目的就是让学生得到发展，带领学生走进生活，而少一份管束和灌输，不能死守课堂。要教会学生有自己的思考，而不是死学别人的经验，照搬别人的做法，我们可以借鉴洋思中学的"三清"教学模式，即以"堂堂清、天天清、周周清"教学模式，"先学后教、当堂训练"，教师在课堂上首先明确和揭示教学目标，让学生自行思考、自行训练、自行发现问题，再指导当堂完成作业练习，只有加以严格的训练指导，才能养成学生更强的自学能力。只要每一堂课都努力去遵循着这样的教学模式，留出更多的时间让学生去练习，久而久之，学生就会在不知不觉中重视对知识的学习。学生自己重视学习了，明确了学习目标，学习兴趣自然会更浓郁，学生良好的学习习惯也就慢慢养成了。我想这是一个良性循环的学习模式，这种结果靠的是全体老师和学生不懈的努力和"恒心"与共的结果。

关心班级中的"问题学生"要拥有恒心。所谓的"问题学生"一般学习成绩较差，遵守纪律意识差，身上有诸多不良习惯，需要在他人的帮助下才能克服和解决自身在学习、心理或行为方面存在的偏差。"问题学生"表现出来的这些不良行为是长期以来缺乏正确管束和引导，经过日积月累，不知不觉中形成的，一旦受到外界不良事物的影响和刺激，这些潜藏在内心的缺点就会不同程度地显现出来，所以，对于"问题学生"的教育转化不是一朝一夕就能解决好的，首先要消除"问题学生"滋生的土壤和环境，做到防微杜渐，要标本兼治，从学生的日常生活和学习的细微处着手，反复抓，持之以恒地抓，下决心打一场持久战，绝不能操之过急。

我曾接触过这样一位学生，他从其他学校转学过来，没多久他的不良行为就暴露出来，平时喜怒无常，经常无缘由寻衅滋事，动不动就打人，与同学关系十分紧张。我通过家访在他父母口中了解到，他在原先的学校表现也是这样，为此也挨了老师不少的批评，受到的批评和处分多了，他也就破罐子破摔，一横到底了。了解到这些，我决心帮助他，找他谈心，不断给他一些小小的建议。我注意观察和捕捉他的闪光点，告诉他："老师其实很欣赏你，你的思维活跃，知道得多，如果你能够努力改掉身上那些小缺点，老师会更欣赏你的。"在看到他有了点滴的进步后，我总是毫不吝啬地及时给予他鼓励。总算功夫不负有心人，经过一段时间的帮助，他有了很大的转变，下课时能经常主动找到我谈一些他自己的想法。不难看出，教师对于这些"问题学生"保持恒心的重要性，一定要耐心地在细微处发现他们身上的闪光点，有意识地把这些闪光点放大，之后随着老师和同学们对他有了更多的肯定和赞赏，他对自己有了更多的信心，他也一直在逐步改正缺点，完善自身性格。

我们常说"没有教不会的学生，只有不会教的教师。"我们要相信学生一定行，相信自己一定能做到，只要我们努力靠近学生，用自己的真心去爱学生，及时捕捉学生的优点，相信每个学生都能走向成功，成长为有健全人格，有真才实学，真正对社会有用的人才。

教育事业需要教师默默奉献，永恒坚守，辛勤付出，正所谓教海无涯，教无止境，只有锲而不舍的恒心才能成就伟大的事业。对教育事业的追求，没有终点，只有更高的起点，教师只有持之以恒地不断完善自我，不断调整自我，不断超越自我，树立终身学习的理念，始终不渝地去追求、去探索、去提升，持久努力，厚积薄发，才能更好地适应不断变化的教学情境。教育教学要的是坚守，坚守要有爱心、信心和恒心，在巨大的竞争压力之下，教育教学中会出现各种各样意想不到的困难，在这种情况下，教师很容易产生职业倦怠，如果缺乏信心和恒心，满怀的希望就会变成深深的失望，继而完全失掉信心变为绝望，最后产生厌教心理。保持教师的一颗恒心非常重要，它可以变压力为动力，转悲观为乐观。教育教学有自身的特点，不能一蹴而就，尤其是在阅读教学过程中要见仁见智，教师要学会倾听，要用恒心凸显自己的耐心和责任心，让每一堂课上得生机盎然。教师的恒心还体现在能不断宽容学生的错误，不断给予他们改正和进步的机会。如果你希望成功，当以恒心为良友；如果你希望成功，当以恒心为依赖。"恒心"也许让我们牺牲很多，但是每个人的成功都离不开那永不言弃的坚韧岁月！

积沙成塔，集腋成裘，积小流终成江河。有想法就有探索，有探索就有发展，有发展就有未来。这些年来我在教育教学的道路上从未止步，感觉到是时候回望一下，思索一下进行总结了。这本书汇集了我从教以来的点点滴滴，都是我在一线教学的真实体验和感悟，把它们展现出来，以提供给教育同行们思鉴，更期望得到专家学者的不吝赐教，谢谢！

目　录
CONTENTS

逐梦：

用心耕耘　静待花开

用心经营　用爱陪伴

2017年有幸接一年级，这对于我来说是个不小的挑战，同时也是一次难得的机会。我很珍惜并用心经营、大胆尝试，努力做好工作中的每一件事。良好的开端是成功的一半。开好局、起好步，孩子以后的学习生活才能信心十足。因此，无论是教室布置，还是迎新工作，都需要我认真准备，让班级工作有一个良好的开局，为将来的班级管理打下基础。

首先与家长沟通。与家长沟通从三个方面入手：一是了解孩子在新环境下能否很快适应？二是孩子有哪些特长？三是孩子在习惯养成方面哪些需要老师给予帮助？比如，能否与新同学相处、遵守纪律、上课认真听讲，是否具有学生自主独立能力、班级小主人翁意识等。与家长沟后，家长的认知层次我已清晰，孩子的具体情况也有了一定了解。最重要的是了解了家长对孩子的学习规划和方向，为在未来的日子里相处得更融洽奠定了基础。一个月之后孩子们渐渐适应了小学生活，我每周会利用休息时间与4~5位家长沟通孩子的在校情况。学生层面就是"集优"文化，集优照亮一生。这和我们学校的教育理念是一致的，而"集优"就是集学生和家长的优点。比如早上同学们认真读书的时候，我就发一个视频，写上"每个优秀孩子的背后都有一个优秀的家庭，拥有你们我很幸福"这样的话语。还有就是在第一次家长会上，我就告诉家长，上学第一天，书包里放一本孩子喜欢的课外书，这就表明了重视阅读，我还重点推荐了我们学校的三件套：阅读、运动、做家务。家长们把孩子跳绳、阅读的情况上传，自发地在强国上打卡。为了提高孩子们阅读的积极性，我主动给孩子们买了"阅读存折"，上面记录了孩子阅读内容翔实的数据。

因此孩子们阅读的数量逐渐增加了，识字量也在增加，定期地举行读书分享会，也可以了解班级每位孩子的读书情况，让每个孩子认识到爱上阅读是他们的责任。

其次让家长放心。如何做才能让家长放心呢？注重细节，孩子们入学后的前两周多观察。记得开学第一天我准备了一个简短的视频欢迎孩子们（视频内容就是孩子们的照片，家长会之后我让家长们发了孩子的近期照片），第一天见到孩子们，打招呼之后，孩子们坐在座位上认真看书的场景，真的是让我很惊喜，于是在家长群里发了视频，并写上"你们到底是多优秀啊，孩子第一天上学就具备了认真学习的优良品质，为你们鼓掌。"孩子们在学校里表现如何？发个视频让家长看看。在学校里要给孩子足够的安全感，让孩子明白任何时候我们班主任都是他们的依靠。开学第一天，孩子们表现得很好，我准备好的照片视频没给他们，而是灵机一动说："孩子们你们要看着我的眼睛，全神贯注地看着，然后放在心里默念三遍自己的名字，我通过读心术，就能说出你的名字。"教室里瞬间安静，我正确的把他们的名字说出来后，赢得了雷鸣般的掌声。接下来我又说，我会读心术这件事是我们之间的秘密，不要对外人说，以后你们遇到任何危险的事情都要向我汇报，我才能帮到你们。还有同学之间发生不愉快，一定要先看你们自己哪里做错了，向对方道歉，争取同学原谅，因为我会读心术，你们之间发生的事情都逃不过我的眼睛，这样孩子们的崇拜之情油然而生。建立好师生关系是我开展工作的基础，每天见到孩子的第一眼我一定要表扬一下，比如你今天来得真早啊，你的衣服好漂亮啊，你读书的声音真好听啊，等等，每天孩子们都很期待见到我。开学两周后孩子们渐渐熟悉了，转眼中秋节也快到了，我就组织班级开展"美食分享"活动，孩子们特别高兴，每个孩子都精心准备了美食，一个孩子跟我说："老师我们天天这样过好吗？我好高兴啊！"

每个孩子的精彩瞬间我都会记录下来做成美篇分享给家长，自然也得到了家长的支持。开学的一个月里孩子们很快适应了这个大家庭，为了培养孩子的小主人意识，在班级常规管理中我根据学生们的性格特点，班级事物实行微格化管理，使班级内"人人有事做，事事有人管"，让班级管理变得轻松、有序、高效。如班级里比较淘气的，我安排他下课当文明督查员，好多孩子不服气，说老师他自己都乱跑，怎么可能管好别人呢，我说咱们来打赌吧，如果他做得不好，你来管好吗？孩子很高兴地接受了，而那个淘气的管理者，又多了一个监督的人，当然不敢懈怠。走进孩子的心里，经常找孩子们聊聊，了解他们的思想动向，能够更好地管理班级。

　　把孩子当作自己真正的朋友，伴随孩子一起成长，用心经营，用爱陪伴，即使累也是快乐的。

没有天生的"顽石"

张小瑞，7岁，家中大宝，母亲怀其时保胎4个月，出生时又早产，在医院的恒温箱中待了3个月，对于这来之不易的孩子，父母长辈们自然格外宠爱，父母长辈们对其要求不高，只要健康长大就好，没有立任何规矩，所有事情都缺乏严格的管理，使其任性霸道，自己想怎样做就得怎样做，说一不二。张小瑞本人很聪明机灵，脑子反应快，理解能力强，能说会道，但是由于家庭教育的原因，没有规则意识，老师要求做的事情很难完成，特别强调不能做的事情他非要去尝试。作业很难按时完成，上课不遵守课堂纪律，经常打扰和干涉别人，老师、同学在讲话时他还喜欢插嘴，上课经常会讲一些与课堂无关的话，而且对他只能表扬不能批评，如果要是受到老师批评，他就会情绪激动乱摔东西，甚至与老师狡辩。

刚接一年级时，我就发现该学生不是很"听话"，并且我行我素。训练课堂常规时，别人都能按要求坐正身体，专心听老师讲，唯有他趴在桌子上。问他为什么不像其他同学那样按老师要求坐正身体。他说：他不想，他累了就想趴着。我用各种方法鼓励了几次也没能说动他，再说就要掉眼泪了。后来发现他不是一般的特殊，夏天热他会四仰八叉地躺在地上凉快，毫不顾忌他人怎样说；上体育课累了就自主回教室，完全是自由分子；上课沉浸在自己的世界，下课后自由溜达到老师不允许去的操场升旗台。好多同学都向我告他的状，说他违规违纪。我用了批评的方式仍不管用，第二天照样依旧；表扬他也只管用一天，隔天又依旧。与其家长联系，家长也很头疼，说其很拗，从小就这样，做事一根筋，认准的事情非得做。父母也曾因为他的拗而采取过各种方式，但都收效甚微，形成今天这种情况一定有更深层次的原因。借助学校要家访的机会，我走进他家对他进行了单独家访。从他妈妈那里了解到，张小瑞4岁左右，妈妈生二宝，将他放在爷爷奶奶家近两年，爷爷奶奶溺爱他，不懂正确教育方法。爸爸妈妈生了二宝后，对他的关注也不如从前。他感觉父母的万般宠爱已不再，内心强烈地感到被冷落。我了解了这些状况后，明白了其之前被万般宠爱后又缺少父母关爱，有了严重的心理落差。上学了，他为了引起老师和同学们的关注，更想引起父母的注意，总是在课堂上做出一些奇异的动作，或者采取扰乱课堂纪律等方式。此后我不再单纯批评或牵强表扬，而是采用真情去感化他，拉近与他的距离，平时经常单独与他交流一些生活小事，了解其心理需要，给他讲一些守规矩的故事，读小学生守则给他听，教育他一个合格小学生应该怎样做，并告知他相信他一定能做一个合格的小学生、优秀的小学生。告知他只要遵守纪律，上课认真听讲不捣乱，就选他当学习小组长，并且安排一部分卫生区让他负责。也在闲聊中让他知道他妈妈虽然生了弟弟，但内心依然爱他。慢慢地他变了，不再光顾不允许去的操场升旗台，上课要说话时也懂得先举手得到老师允许再讲了，平时一有进步就当着全班同学真心表扬、鼓励他。还经常与其家长交流，让其父母关注二宝的同时也不要冷落大宝，要多给予关爱。渐渐地他上课能专心听讲了，作业能按时完成了，学习态度有了很大的转变。虽然在课堂上偶尔还会违反课堂纪律，但和以前相比绝大部分时间都能遵守纪律，和同学也能融洽相处了，学习成绩也在不断提高。看到他的进步，大家都很开心，默默地为他竖起了大拇指。

　　没有谁是一块天生的顽石，每个学生虽然有自己的个性，但他们都有思想、都有追求进步的愿望，都渴望得到别人的认可和尊重，在他们的内心深处，一定有着一块可触及的最柔软的地方，只要我们工作得法到位，一定能发现那块地方，在对其充分了解的基础上采取适当的教育方式，做到因势利导，用真心感化他们，一定会得到我们期望的结果。

写给二年级孩子的话

孩子，明天你们就要上二年级了。想必今晚小小的心一定在不停沸腾。新的学年，新的希望，新的征程都在明天等着你们，成长的喜悦塞满了你们的心，你们是不会感到寂寞的。孩子，你们在一天天地进步、发展，经过一年的历练，你已经从懵懂的迷惑中走出，从一个做事幼稚的孩子，成为有判断、有思想、有热情、有追求的孩子了。老师真为你们高兴。

成长是一扇被知识打开的门。只凭热情远远不够，所以，老师和你们一起走进二年级。当你们激情过盛时，老师会在你们心中种下理智的种子；当你们迷茫低沉时，老师会帮你们扬起理想的风帆；当你们陷入困境不能自拔时，老师会伸出温暖的手；当你们顽劣的心肆意徜徉时，老师会引领你们走入阅读的世界，让你们拥有一颗沉静的心。

我不是智者，也不是圣人。我只用这颗干净的心在你成长时引领你做一个自爱的人，做一个诚实、勤奋，有创造能力的人。可是这些都需要经历磨难，经历困苦，所以，我们的二年级不同于一年级，那时，你们被爱包裹着，而今天，除了爱，还要有更多的责任。

孩子们，陪你们上路的不只是家长和老师，还有书。所以，我们的二年级不孤独。

好了，夜已深，我们等待明天的到来。

开学第一天

接了小杨的班主任，责任就像是一把无形的伞，罩在了头上。

昨夜竟睡得特别沉，原以为有梦的。早早就去了学校。没进校门，就看见了小杨在教室门口的身影，非常理解她的心。去年我也曾和一年级的孩子离别，复杂的心情无人能体会。

和她安排好了孩子们的座位，心里却有些不宁静。面对一手带大的孩子，在今天交付给了我，一定有许多的不舍和不放心。小杨是个沉静理性的人，没有把离别的伤感带给孩子们。关于这一点我是不能做到的，直到今天看见我以前的学生，心里还是空落落的，不能自抑。

新来的郑老师教数学，人是美丽又大方。从我手中硬抢走了拖把，那时心里的温暖汹涌。秋叶飘落，却有骄阳的光辉陪伴。我真的很幸运，在这美好的秋天，有两位美丽的女子和一群可爱的孩子陪伴我度过今天。

孩子们浑然不知我们的心情，每一张小脸都洋溢着重逢的快乐和长大的喜悦。

黑板上，昨天就用红色的粉笔写了 6 个大字，"我们二年级了"，意在给孩子们一个提醒，更多的是祝贺。

一年级，只做语文老师，教给孩子更多的是要养成读书爱思考的习惯，尽量让语文课成为他们童年生活的滋养品。

而课堂之外，教育还有辽远的天空。作为班主任，不仅只教给孩子知识，更主要的目标是意志、信仰、交往、行为规范等方面的教育，是灵魂的教育。

康德说，人有许多种子不能发展。我们教育者的责任便是设法让这些种子发展，平均地发展他的各种自然禀赋。羸弱的，种在肥沃的土壤里，供足养分；饱满的，培植成优良的种子发扬光大；奋力挣扎想破土而出的，揠苗助长也未尝不可；被荒芜的草包裹得纤细无力的，即时给予痛彻心扉的剥离。唯有如此，才会让种子得以自然的发展。

没有规矩不成方圆。

再次把这话送给孩子们。我们现在很流行"恭维"，不管是好与坏，都不分青红皂白地喝彩。然而它忽视了学校应是拥有严格和纪律的地方。

孩子还小，用了最直观的形式，在黑板上画了方形和圆形。讲清楚规矩和方圆的关系，让孩子明白在成长的过程中是需要有束缚、有制约、有严明纪律的。

一节课，孩子们专心地听着，偶尔会有小小的不平静。成熟写在了二年级孩子娇嫩的脸上。

一天琐事不断，零零星星的。分发假期前未发的书，找了两张桌子，进行课程表调整，又帮一年级（7）班的风云老师给孩子排好队，接打孩子家长电话，政教处开会，时间一晃而过。

在校读书的大块时间是不会有了，真的好怀念不做班主任的这一年。

今天所有的班主任，都是一脸的疲惫，满身倦气回家的。可想到在金色的秋天里播下种子，也很幸福。

读书是必要的，于是我新买了一本《什么是真正的教育》。

不能说的秘密

　　宽容是一种品德，当你以宽厚仁爱之心对待别人，你就会获得别人的理解、信任和拥戴，宽容像一种魔力，使人与人之间关系更融洽，宽容又是一剂良药，可以帮助你减轻情绪的困扰，宽容体现的是一种胸怀、一种温暖、一种力量，它使人产生强大的凝聚力和感染力，曹操的著名诗句"海纳百川，有容乃大"正体现了宽容的真谛。

　　我曾读过一则发人深思的小故事：相传古代有位老禅师，一天晚上在禅院里散步，突见墙角边有一张椅子，他一看便知寺内有出家人违反寺规私自越墙出去了。老禅师也不声张，悄然走到墙边，将椅子移开，自己就席地而坐。不一会儿，果然有位小和尚翻墙进来，黑暗中踩着老禅师的脊背从墙上跳了下来。当他双脚落地时，才发现自己刚才踏着的不是椅子，而是自己的师傅。小和尚当时惊慌失措，张口结舌。但是出乎小和尚意料的是，老禅师并没有厉声责备他，只是以平静的语调说："夜深天凉，出去多穿一件衣服。"这句话便成为师徒二人不能说的秘密。

　　我们可以想象听完老禅师的话后，小和尚的心情是怎样的，师傅的做法也保护了徒弟的自尊心。在这种无声的教育中，徒弟不是被他的错误惩罚，而被这种宽容所温暖了！我不禁被故事中老禅师那博大、宽容的慈善之心所深深折服。的确，宽容是一种仁慈和关爱，宽容是一种理解和信任，宽容是一种期待和激励。宽容会化作一种力量，激励学生自省、自强。由此我想起了我教育生涯中的一件小事。

　　那是我带第一届学生时发生的小故事。那天，紫薪交学费的钱不翼而飞了，当时我让他找遍自己的衣兜、书包、铅笔盒、桌洞都没有找到，我又发动全班同学帮他找，也没找到。紫蕲着急地说："老师，我的钱上课时还在桌洞里，下课出去一下就不见了！"我心里想可能被班里学生拿走了，那是谁拿的呢？我暗自观察周围的同学，有一位同学显得有些心神不宁。可没有证据，我也不能轻举妄动！只能默默地观察。到下午时我打探他周围的同学，得知小宇带了不少钱，还买了很多零食分给他们吃。我想小宇的学费已经交上了，哪来那么多钱呢？打电话给他的家长，了解到其只带了交学费的钱。为了保护小宇的自尊心我没有当众质问他，而是下课让他去办公室与我交谈。我心平气和地说："小宇，同学们都说你带了50元，还买了好多零食给他们吃呢，你真是个乐于与人分享的孩子。可是你哪来的钱呢？"他小脸通红，低下了头。我又说："我打电话问过你妈妈了，你今天只带了交学费的钱。所以其余的这些钱是哪来的？老师希望你做一个诚实的孩子。"小宇边流着眼泪边从兜里掏出剩余的40元交给我，说，"老师，我错了！"我并没有厉声责备他，而是平静地告诉他："能勇于承认错误，还是好孩子。但是小宇，你有没有想过拿了紫蕲交学费的钱，他怎么办？如果你拿人家的钱被同学发现，你该怎么办？同学们还会和你做朋友吗？会怎么想呢？"此时他的脸越发红了。我了解到这孩子在家有拿大人钱的习惯，看到同学的钱也就顺手拿走了。二年级的孩子还不能明辨是非，我给他讲"勿以恶小而为之"的道理，并帮助他分析这样做的后果。看到他认识到自己的错误，我摸摸他的头说："知错就改还是好孩子，回家和家长主动交代事实，争得原谅，凑够钱，明天悄悄还回去吧。"小宇连连点头。我又悄悄说："这件事是咱们之间不能说的秘密，我不会告诉其他同学的。"事后家长主动联系我了解情况，感谢我的巧妙处理方式，维护了孩子的形象，保护了孩子的自尊心，并表示会积极配合老师共同教育孩子。从那以后，这个孩子改变了，变得乐于助人，变得拾金不昧，变得更加阳光自信了！

作为班主任要善待学生的失误，要宽容犯错误的学生，给他们改正错误的机会，切忌一味地批评、惩罚。要让学生感受到老师对他们的理解、关心、爱护、激励和期待，他们一定会理解老师的良苦用心，不会让老师失望的。

教师对学生多一些宽容，就会多一些欢乐，多一片辽阔的天空，多一片灿烂的阳光。

"奶油小生"变"硬汉"

"我对王栋一的答案有异议!""奶油小生"孟令杰突然当着全班同学的面有板有眼地发言道。

这是我接手这个班以来,孟令杰第一次主动举手回答问题,现在他是他们小组的发言记录员。印象中他好像从未进入我的视野,他一直是安安静静的,不温不火、不慌不忙、不骄不躁、不拔尖出众,甚至总是被组内成员嫌弃。很容易被忽略,因此他的这一举动让我有些吃惊。

《地震中的父与子》讲述了一位一度精神失常、歇斯底里的父亲,一个勇敢坚强、充满理智的孩子,是一段一波三折、引人入胜的故事。上课前,我不觉得这节课好讲,因为其中的感情太过浓烈,孩子们没有生离死别的心理体验,我也有些无措,不知道怎样令孩子们产生情感共鸣。

上课的形式变了,环节自然也跟着改变。自从开展"新课堂"以来,我没有再像以前一样想当然地为孩子们个别讲解可能会写错的字。可是识字的基础性地位并不能因此而改变,于是我将识字的任务在"预习清单"上体现出来,从而把识字教学放手交给学生。"新课堂"实施以来,我在课堂正式开始前听写新词,前后共读 12 个。听写完毕后,30 秒钟时间同桌之间互查,然后我再根据写错的情况进行集中讲解。这种方法让我在识字教学中省力不少而且效果异常的好。

现在我突然发现在出错同学的行列中好像从未出现过孟令杰的身影。他们小组成员也没有再"联合上访"了。

接下来,自读课文,小组范围内答疑解惑,之后是班展。在这一环节中,各个小组发言人将把他们组成员提出来的难题以及认为有价值的问题在全班同学面前展示出来，供全班同学讨论。

就在刚刚，三组发言人汲子程问道："当学校废墟出现在父亲眼前时，他会想些什么？"

语文课代表王栋一当仁不让："他会痛苦欲绝，并想办法把孩子救出来。"我心中默默赞叹，还是我们课代表的悟性高，表达也很流畅。

刚刚一同举手的几个学生纷纷把手放下。就在这时，坐在教室第五排第一列的孟令杰举手，我示意他发言，他不慌不忙地站了起来，说："我对王栋一的答案有异议！我觉得此时的父亲应该是脑袋一片空白，他什么也没有想，他什么也想不出。"

整个教室异常安静，几秒钟以后，教室里响起了热烈的掌声，那一刻，我激动得想流泪。

我不敢确定能否将孟令杰的这一变化全都归功于"新课堂"教学，但我可以肯定他的这一变化肯定和"新课堂"的实施开展有关系。

苏格拉底的"产婆术"影响至今，助产的对象自然是学生，可是难道"产婆"只能是老师吗？如今看来并非如此。"产婆"中当然有老师，可是毋庸置疑地还有同学甚至学生本人。

孔子讲"不愤不启，不悱不发"，如今看来启发与被启发并非单向这么简单，它应当是双向的，甚至是多向的。

每一个孩子都有自己的思想，其实从本质上讲，教学是一个思想与思想相互碰撞的过程。思想当然有高尚与庸俗之分，我们同时还承认某些人的思想更多、更丰富，但不能接受某人的思想更大，可以凌驾于其他思想之上。教学不应当止步于"传道、授业、解惑"。

"新课堂"之于我既熟悉又陌生：小组讨论自古以来在教育界就不是一个新鲜事物，一想到它可能硬生生地将我从讲台中间挤向边缘就感到一种失控带来的恐惧。把问题提出与解答的权利都交由学生让我焦虑万分，我害怕课堂变成一只断了线的风筝，我眼睁睁看着它却无法控制它飞向何方。

但是实践到今天，一切都是我多虑了。

篮球宝贝 "篮球班"

"只有教师关心人的尊严感，才能使学生通过学习而受到教育。教育的核心就其本质而言，就在于让儿童始终体验到自己的尊严感。"著名教育家苏霍姆林斯基这个深刻的论断，反映了我们每一名教师在教育学生成长中要有一颗爱心，懂得尊重，尊重就是对学生的关心爱护，它能唤起孩子的自尊自信。

尊重就是赏其特长，宽其不足。这些年来，我迎来了一批又一批的学生，送走了一届又一届的学生，他们的性格、特长、爱好、家庭情况等各不相同，我充分尊重学生的兴趣爱好，张扬他们的个性特长，在班级内成立各种兴趣小组，鼓励学生参加各种比赛活动。我班有五六名淘气包，每天上课起哄，不遵守纪律，下课皮打皮闹，个性突出。其他老师们多次向我反映这个问题。我通过观察了解发现这几个孩子特别喜欢打篮球，于是我因势利导，以这几个孩子为主成立了班级篮球兴趣小组，我也加入其中，一有空就和这些孩子们一起到操场上打球。在班级里经常搞一些篮球比赛活动，并鼓励他们积极参加各种比赛，一年级刚刚训练了两个月，周逸杰和项梁徽就代表临沂市赴威海参加比赛，就在 2021 年 12 月 4 日刚刚结束的兰山区小学篮球比赛中，有 5 名队员出自我所教班级，代表学校参赛获得兰山区小学组一等奖，这些学生得到学校领导老师们的一致祝贺。我也在班会上对这些学生通过积分、奖卡、点赞等形式进行隆重表彰，更将他们树立为班级的标杆。之后的日子里，我惊奇地发现，这些淘气包不但学习进步了，纪律方面也有了很大的改善，这些 "篮球宝贝" 的行动带动了班级向优秀的方向发展，促进了良好班风的形成，我们班被大家亲切地称为"篮球班"。

尊重就要面向全体学生，班级内的待优生犹如一朵一朵亟待阳光雨露浸润的花朵，更需要老师们对他们的呵护。课间找他们谈心，急他们所急，想他们所想，帮助他们解决思想上、学习上的困难。

多年的班主任工作让我深刻感受到：尊重是一把打开学生心灵的金钥匙，赏识学生、尊重学生，的确能改变学生。

有学生"早恋"了

昨天晚上 10 点半，暑假前和我一起搭班的王老师给我留言："吴老师，休息了吗？咱们班级的王浩诚同学近阶段的情况令我很担忧，他喜欢上了杜小娟，一开始只是听孩子说，我没有当回事，现在发展到数学课不听课光回头看她……""王浩诚上课也不听讲，数学才考 50 多分，我想和他谈谈，不知道该怎么说，还怕说错了，所以挺苦恼的，您能帮帮我吗？"看了王老师的留言，我感慨万千。

王浩诚的家庭情况比较特殊，爸爸妈妈离婚后又各自组建了自己的新家庭，他大多数时间都是跟着奶奶生活。奶奶的年龄大了，他今年上五年级，又进入青春期，奶奶有些力不从心，学习上奶奶根本帮不上忙。王浩诚本身自制力比较差，学习吃力，靠老师和同学的帮扶才能勉强跟上，这是典型的缺少家庭关爱的孩子。我以前教他时，一有空就给他补补课谈谈心，经常与家长沟通，让家长多关心孩子，所以孩子对我很依赖。暑假里因工作需要我被调入另一所学校任教，没想到事情会这样发展，看了王老师的留言，我心里一阵酸痛，为自己没有能继续管理这个班级而深感遗憾，我得帮帮这个孩子，于是我给王老师支了几招：

首先，找王浩诚同学谈心。可以问他一些问题，比如你最喜欢班里的谁？为什么喜欢他？告诉孩子喜欢学习好长得漂亮的同学很正常，"爱美之心，人皆有之"，不光你喜欢，老师也喜欢这样的孩子。如果把这种喜欢，过分的表达，整天想着送礼物、上课不听讲的话对学习有什么影响呢？进而告诉孩子人生有很多阶段，你们小学生的主要任务是学习，可以把这种喜欢藏在心里，好好读书，不要荒废了自己的学业，等长大了参加工作后再去表达这种喜欢会更合适。

其次，找王浩诚家长沟通，得到家长的配合。告诉家长要对孩子负责，王浩诚既聪明又可爱，如果家长能多关心孩子一些，了解孩子的心理，孩子会更优秀。孩子由于这阶段处理同学关系不够恰当，学习有些退步，我们要多帮助孩子，让孩子重拾自信，让成绩赶上去。从而让家长认识到自己的问题是忽略了对孩子的监管，以后配合老师加强教育，促进孩子更好地成长。

最后，召开主题班会以正班风。以"早恋的危害"为主题开展辩论会，通过辩论让孩子们充分认识到早恋的种种危害，不但影响自己的学业，还给他人带来麻烦，从而避免造成"少壮不努力，老大徒伤悲"的境地。

王老师对我支的几招很赞同，第二天她很高兴地打电话给我说，通过和王浩诚同学的谈心，他认识到了自己的问题，并保证以后好好学习……我感到很欣慰。孩子的变化需要一个过程，作为老师要继续跟进指导。王老师虽然不是班主任，但是却能像班主任一样关心孩子的成长，主动走进孩子的心里，帮助孩子解决学习生活中的种种难题，这值得每一位教师学习。

孩子心中的民主

"同学们，今天选'三好学生'，学校给了我们班 4 个名额，请大家认真考虑，填好选票交上来。"班会课上我对同学们说。"老师，可以弃权吗？"有同学问。"当然可以，弃权也是一种权利。"我不经意地回答，几分钟后开始唱票，全班 42 人，却有 27 人投了弃权票。

面对这样的局面我心中很是不快，此时我先让自己的心情平静下来，我知道情绪爆发不利于接下来工作的开展，因为情绪具有传递性。我接着重点找了几位学生了解原因并进行相应的解决，如果是因为班级优秀学生太多，一时半会儿找不出来投弃权票，我会告诉孩子优中选优；如果是对三好学生的评选标准没有一个具体清楚的认识，导致认识上的模糊，无法筛选，我会告诉学生三好学生标准，要选出德智体美劳全面发展的学生；如果是因为有些孩子想引起大家的关注，投了弃权票，那么平时就要多给他发言表现的机会，多关注他们；如果孩子是因为看到同伴投了弃权票，也跟着投了弃权票，这属于从众心理，我会教育他们要有责任意识，有集体观念。

为了凝聚班级力量，我以此事为教育契机召开主题班会并辅以快乐会议。思想是行动的先导，以"民主选举的意义"为主题，讨论为什么要民主投票选举？它有什么作用？多数同学的弃权是否影响选举的民主性，进而影响班级的发展？让孩子们明白：投票选举是每个学生的责任和应尽的义务，教育孩子们要有大局意识、责任意识、荣辱意识。行为是思想的表现，通过再次投票选出真正代表班级形象的三好学生。接着召开快乐会议，对民主选出的三好学生给予点赞、奖卡、积分等形式的表彰，树立班级标杆，在标杆的引领下，让孩子们做更好的自己。

　　这件事引起了我的深刻反思，由于我对孩子心理把握不够全面，随意回答孩子可以弃权，没有阐述多数弃权引发的"蝴蝶效应"。作为班主任，以后要加强对孩子心理发展和心理状况的研究，做孩子成长道路上的心理导师。这些做法也符合习近平总书记对老师的要求：不仅成为传授书本知识的教书匠，同时，更要做塑造孩子品格、品味、品行的大先生。

跳楼风波

下课没一会儿，我正在办公室批改作业，忽然一群孩子涌入我的办公室。孩子们的脸上有的带着看笑话的神情，有的面露焦急，七嘴八舌地跟我说着什么。最终我在孩子们重复的话语里听清楚了，原来是班里的李巩成同学要跳楼。

李巩成同学平素是一个思想单纯、爱幻想，也很活泼的孩子。今天听说他要跳楼，我以为这又是他的恶作剧。于是，我一边安抚着这群孩子的情绪，一边缓步跟他们走到了教室。进入教室，我一眼就看到了坐在座位上的李巩成，我还在怀疑是不是班里其他孩子在跟我开玩笑。可是当我看到更多的孩子涌向我，大声地跟我说着跳楼的事情时，我才真的意识到，孩子们说的跳楼不是玩笑，也不是孩子们的夸大其词。我瞬间严肃了起来，意识到问题的严重性。这时班里有的孩子已经在跟我叙述事情的大概过程。原来，李巩成把班里一盆观赏性番茄的茎给折断了，而这根茎上长着唯一的一个小番茄。因为这颗番茄是全班同学的心爱之物，大家都在等着它长大，可是由于李巩成的行为让大家的期盼落空了。于是好多孩子就开始指责李巩成，李巩成在众人的责备声中无所适从。于是他高声喊叫着，挥舞着双手，扬言要去跳楼，便出现了开头的那一幕。了解完情况后，我知道李巩成并没有真的付诸行动，不由得舒了一口气。可是这件事情，可能会带给李巩成一定的心理伤害，是必须解决的。于是我把下一节的语文课改成了道法课，因为在道法课中正好有一节课是讲珍爱生命的。

上课伊始，我让李巩成先讲一讲他为什么会折断这株番茄，让他从自己的角度来说一说，做出这个行为的原因。因为我知道，这株番茄是所有同学的心爱之物，包括李巩成，他肯定不会去故意破坏它的。果不其然，在李巩成的叙述中，讲到本来是想好好地观察小番茄的样子，却不小心折断了，可是同学们不听他的解释，一个劲地指责他，而他说要跳楼也是被逼急了，想要吓唬一下大家。听到他的解释，我心里有了更清晰的思路。

我首先询问其他同学："当我们冷静下来，听清楚李巩成的解释时，还会像刚才那样指责他吗？我们要不要原谅不小心犯错的同学呢？"班里的其他同学异口同声地说："要！"这时，我看到李巩成原本皱起来的眉稍微放松了。

"李巩成，你不小心弄坏了大家的心爱之物，确实是犯下了错，你要不要跟大家说对不起呢？"李巩成点点头，大声地说了句对不起。

"其他同学没有听李巩成的解释就开始指责他，有的同学甚至跟着起哄，这种行为比折断植物的茎更加恶劣，你们要不要跟李巩成道歉呢？"班里陆续响起了道歉声。这时再看李巩成，脸上已经有了笑容，我知道那个爱笑的孩子又回来了。

"同学们，当你没有了解清楚事情的经过，就开始指责别人，就跟着别人起哄，甚至恶语相向，这种行为是非常不好的，会给别人带来很大的伤害，严重的话是会造成不可想象的后果！希望同学们今后要有自我判断的能力，要有能宽容别人的气量。"

对于珍爱生命这个话题，道法课本上有很好的讲解，我根据课本的内容，创设了两个讨论环节：一是孕育成长的不易；二是我们为什么要珍爱自己的生命。孩子们结合课本中的图片以及自己的实践经验，热烈地进行了讨论，纷纷表示"妈妈抚养我们长大付出了很多，有的甚至付出了自己的生命。""我们要好好地爱惜自己的生命，因为我们受伤最难过的就是爸爸妈妈。"……听到这些言论，我清楚孩子们已经懂得了生命不仅仅只属于自己，也会加倍珍惜生命。

上完这节道法课，让我深深地感受到班主任责任的重大，以及班主任工作的意义。班主任既是班级的教育者，又是学生成长的领路人。作为班主任要善于抓住时机育人，引导学生成长，促进其德智体美的全面发展。"要成才先成人"，重视学生的德育教育，是班主任工作的重中之重。

纯洁之美

　　"冬天，天上飘下了雪花，树木披上了银装，地上铺上了雪毯，到处一片洁白。"

　　这是《看雪》中唯一一段描写雪景的文字。《看雪》是通过台湾孩子想看雪写出两岸统一的愿望，可这对于二年级的孩子来说，理解难度较大，怎样让孩子理解作者在文中寄托的含义呢？课文的深意不能直白地简单地告诉学生，而应通过对文字的感悟理解，从而知晓作者的意图，明白文中的深刻道理。把文中最诱人最美的东西，用干干净净的手段彻底呈现给孩子，让他们在情感上直触心灵，激起共鸣，才会产生理性的思考。

　　所以，把这一段描写雪景的文字直接呈现给孩子，和孩子们一起走进童话般的冬天。果然，孩子们的情绪一触即发，教室里仿佛下了一场真正的雪，孩子们的脸上洋溢着兴奋和幸福，享受着雪的纯洁之美。每个孩子都因渴望雪的到来而神采斐然，孩子们此刻的情绪完全被带入到了冬雪中，欢乐的气氛溢满了秋日的教室。

　　"有谁知道，台湾的小朋友看到的雪是什么样的呢？"

　　把孩子们的情绪调控回课文，否则课堂只会沉浸在热闹中。

　　"是用洁白的棉花做的。"朱孟虎瓮声瓮气地回答。

　　"你怎么知道的呢？"

　　"是从课文的第二自然段中找到的。"

　　孩子们在课文的第二自然段中找到了答案，可也看出了很多孩子的疑惑，台湾为什么没有真正的雪呢？于是我顺手画出了中国地图，一个孩子说像母鸡，更多的孩子不约而同地说："是雄鸡!"孩子们已经在第三自然段中了解了台湾和祖国的关系，所以把最关键的问题抛出。

"台湾的孩子们能看到真正的雪吗？他们的愿望能实现吗?"

"能！只要认真去做，任何事都能成功。"还是朱孟虎在回答。

"台湾的孩子们仅仅想看到雪吗?"这是一个有深度的问题，必须是在理解"台湾岛，隔海峡，与大陆，是一家"的基础上有所思考，才能做出回答。相信会学习的孩子，这才是他们最想听到的问题。一片沉寂之后，"他们更想与大陆实现和平统一。"会思考的曹慧琳一语惊醒梦中人，其他孩子恍然大悟。是啊，不仅仅是因为南方不下雪，而是因为台湾与大陆还没有实现和平统一。

孩子们倾听着，思考着，或许不能真正理解，可也有意识地开始关心祖国、热爱祖国。

静心之后，孩子们拿起笔，把自己看到的美丽的雪景写给了台湾，和他们一起享受着祖国赐予的大自然之美。

教室里只有笔落纸上的沙沙声，就像美丽的雪花在飘洒。

孩子的就是最好的

　　开学第一天的下午我收到了一份礼物——一块巧克力。

　　孩子幼小的心灵里充满了对老师的喜爱，每一个孩子都渴望受到老师的关爱和注意。这个孩子名叫许晓琳，有些胖胖的，皮肤不是很白皙，一条马尾辫总是扎的略微倾斜，梳理的不是那么有序，戴着一副纠正斜视的粉红色边框眼镜，在胖嘟嘟的小脸上也算是一个装饰，看起来感觉还蛮有学问，笑起来很可爱。她总想得到老师的关注，小嘴巴特别甜，虽然有些腼腆，但是讨人喜欢。今天下午我上完第一节课向办公室走去时，有一个孩子紧跟着我，我一回头，只听见：

　　"老师，给你巧克力，这是我伯伯从韩国带回来的，给你尝尝！"多么稚嫩的语气。

　　"哇，真的吗？"我故意调动她的情绪连忙说道。

　　"是真的。"她自豪地回答道。

　　"韩国的！"她提高嗓门用小孩子最喜欢用的声调强调了一遍。小许同学抬起得意的笑脸告诉了我许多有关她伯伯去韩国的事情，只见她的小眼睛早已笑得眯成了一条缝，小脸在顷刻间红扑扑的，心里肯定自豪得不得了。

　　一块方方正正、彩色包装的小小巧克力被她的小手握得汗涔涔的，一定是握了很久才鼓足勇气给我，对于孩子来说，这也是一种历练。顿时，我感觉这份小小的礼物沉甸甸的，于是我紧紧地把她拥在怀里。

　　其实，每个孩子都渴望得到老师的关注，一句关爱的话，一个深情的目光，一个亲切的抚摸，都会给孩子带来愉悦、勇气和自信，我们做老师的要懂得：孩子的，就是最好的！

老师，你今天去哪儿了

多年前的一个晚上，我接到了一个电话："老师，是我……你今天去哪儿了，为什么一天都没来给我们上课？我们都想你了。"打电话的是我们班一个平时最不爱说话的孩子，她成绩一般，但是性格倔强，在家里也不怎么听父母的话。接到电话那一刻我心里暖暖的，感受到了这个孩子对我的依恋。她平时在办公室里帮我抱作业拿水杯的小小身影又浮现在我的眼前。可是，你知道吗？就是这样一个如此依恋老师的孩子却不愿意学习，从来不写作业，表扬批评和威胁，我什么方法都用了，可是都没有用。这到底是为什么呢？我陷入了沉思。

带着这个思考，我开始学习心理学，去探究影响学业成绩深层次心理原因，包括家庭教育对一个孩子成长的影响。其间，我参加了教师家庭教育指导能力培训，主持区级相关课题，成为 NLP 认证的亲子导师。边学习边实践，我也把所学的运用到和学生相处的点点滴滴中。两年过去了，那个曾经不爱学习的孩子终于可以积极主动地参与到学习中。回忆过去，我很感谢她，因为正是她的推动才有了我的提升。

今年我带的是六年级的孩子，他们正处于青春前期，身心开始发生变化，正是需要心理支持的时候。我带着他们去心理咨询室做沙盘游戏，召开阳光心理主题班会。比如，"异性交往 ABC"，让他们了解男女生差异，学习如何正确得体地与异性交往。再比如，"合理宣泄"，让学生学习用涂鸦、EQ 处理他人情绪等方法来释放坏情绪。孩子们心灵阳光，团结互助，师生有效沟通，我的工作也越来越轻松。

　　小森是我们班里一个非常特殊的孩子，他一岁的时候因为手足口病的并发症导致双下肢瘫痪，经过了常人难以想象的痛苦治疗，他终于可以跟跄着自己走路了。他每天准时到校、从不迟到、成绩优异，连续多年被评为"三好学生"，今年也申报了"践行沂蒙好少年"的评选活动，他说他的梦想是做一名优秀的计算机编程工作者。

　　可是因为腿脚不便，小伙伴们一起玩的游戏他都玩不了，多年的压抑让他感到孤独和痛苦。他常常把墨水塞得满嘴都是，还趴在桌子上大哭，甚至还有轻生的念头。我对他进行了很多次的心理疏导，教他有情绪的时候可以用深呼吸、呐喊等方式来释放情绪。

　　有一次，他又伤心地哭了，我轻轻地问他："孩子，是不是有人欺负你了？"他半天没有吱声，他说没有人欺负他，是"陪伴"欺负他了。我坐下来和他聊，引导他说出自己的想法，然后和家长沟通，召开班会，鼓励同学给他更多帮助和支持。在班会上，他也勇敢表达了内心对友谊的渴望。我们还进行了一次小小的"吐槽大会"，其他同学也把以前对他的很多不理解表达出来，就这样，在欢声笑语中孩子们增进了感情，收获了属于自己的那一份成长。

　　做温暖的教育者，培养有爱的人，让教育的阳光照亮每一颗心灵，这是我一直追求的教育目标。在班级管理的路上，我抬头有清晰的目标，低头有坚实的脚步，回头还有一路的故事。

和电子产品说"不"

　　今天下午，临沂市妇幼保健站的眼科专家到我班给孩子们测视力，结果大大出乎我们的预料，孩子们达到正常视力者不足20%，50%以上的孩子视力检测结果在1.0以下。究其原因，是因为孩子长时间看电视或玩电子产品用眼过度导致的。

　　孩子在10岁之前的这段时间是学习知识的黄金时期，如果能在这段宝贵的时段内，锻炼孩子们的各种特长，会收到预期的效果；而玩电子产品限制了孩子们的创新、好奇、追求、想象……有足够的证据证明，看电视长大的这一代孩子由于得不到许多亲自实践、探索、开拓的机会，因而与以前的几代人相比，他们缺乏竞争能力，那他们在校的学习成绩又会怎样呢？

　　目前这个年龄的学生，多数在上一二年级时不能自觉地学习，只有到了小学三年级以后，才逐渐懂得要好好读书。作为家长们应该至少在孩子上小学三年级之前，尽可能地让他们少看些电视，多抽出些时间用功读书。当然，让孩子们看些教育节目或者体育节目没有什么问题，但是一定要控制孩子看电子产品的时间，把当今教育部出台的五项管理落到实处。

　　我们班有很多学生酷爱读书，也体会到读书的乐趣。班里季艾文同学曾告诉我，她最喜欢的格言是："我热爱读书，就像饥饿的人扑在面包上一样。"田全玲同学说："我妈妈给我买了20本《猫武士》丛书，我现在读到第8本了。"……

　　全玲妈妈多次告诉我孩子晚上经常读书读到深夜，有时候怕妈妈批评，就躲到被窝里用手电筒照着看书。孩子读书的兴趣胜过看电视，他们思维敏捷，富于想象和敢于创新。这些孩子的家长在培养孩子阅读兴趣方面值得我们学习。

作为老师要引导孩子和电子产品说"不"，开卷有益，从小养成多读书，读好书，爱读书的好习惯，把健康的身体、明亮的眼睛和快乐的童年还给孩子。

不要做考试的"分奴"

今天，我们学校举行质量调研，因为这是本学期的第一次考试，所以老师们显得格外重视，上午考的是语文和品德与生活两门课，下午考的是数学。

数学考试结束不一会儿，办公室的门呼的一下被推开了，只见胡国恒同学慌慌张张地走进办公室。

"老师，最后一道题多少分呀？"胡国恒着急地问道。

"10 分啊！"我说。

"那……我没做完得扣多少分呀？"胡国恒更着急了。

我看到胡国恒红着脸，几乎要掉下眼泪，我有些不忍心了，"如果前面都做对了，最多扣 5 分。"我安慰他说。

"那我就能得 A 了，我妈妈说，只要能得 A，假期里我日照的表哥就可以到我家玩了！"刚刚还急得不知怎样才好的他，明显地轻松了下来，听完我的话，又一阵风似的离开我的办公室。

一个六七岁的孩子如此重视自己的分数，却不关注最后一道题该怎么去做，这是谁的责任？家长、学校还是社会？可见，在大力推行素质教育的今天，应试教育的种子至今还在孩子幼小的心灵中根深蒂固，我的心情不觉地沉重起来。

很明确，新一轮的课程改革要求要多关注学生学习的过程，淡化学习的结果，多方位、多角度、多一把尺子来衡量学生。作为学校老师要跟上时代的脚步，转变唯分数论的思想，让孩子快乐学习，健康成长，不要做考试的"分奴"。

　　是啊，童年是快乐的，孩子们应该常在田野里奔跳，常在游戏里嬉戏，常在海边捡贝壳……让我们一起努力，把阳光灿烂的童年还给孩子！

我也想去北京玩玩

胡国恒——我所带班级中一个身材矮小、眼睛不大，上课总爱下座位的男孩，每天早上到校时，衣服干干净净，小手小脸白嫩嫩的，可到下午放学时，浑身上下就变得脏兮兮的，简直判若两人！

今天的语文课上，我们学《北京亮起来》一文，我问学生："学了这篇课文，你们想说点什么？"话还没说完，胡国恒一下子冲到讲台上，说："我也想去北京玩玩！"同学们的眼光一下子都集中到我和胡国恒身上，大概是想看老师会怎样处理这个冒失下座位的学生。

我先是一愣，刚想批评他，继而又冷静下来，寻思他也是在动脑筋想问题，只不过是行为失当。于是冷静下来，决定对其因势利导："胡国恒真聪明，对北京有很深的感情，你能说说你为什么想去北京吗？"胡国恒想了一下，说："北京有许多立交桥、高楼、灯美……"他一口气说了很多。"那你说说现在该怎么做呢？"也许是问题纠正了他的不良习惯，他回到座位上后，坐得特别端正，后面的课，他再也没有下座位。

对于胡国恒，曾经有老师提醒我，这是个问题学生，没办法教的学生，然而现在经过我的耐心引导，胡国恒也渐渐变得会认真听课了。

看着胡国恒的变化，我心里特别高兴，"没有教不好的学生，只有不会教的老师"，教无定法。我相信，在我的悉心关怀下，我的学子们定会展现出更优秀的一面。

搂着苹果睡觉

那是 12 月 25 日的早上，我去教室准备上课，刚走进门，远远地就看见讲桌上放了一个大红塑料袋子。我走到讲桌前，两个盛放着大红苹果的精致包装纸盒映入眼帘，纸盒外用红丝绸系着，格外诱人。这时一个小男孩羞答答地走到我面前说："老师，这是我给您的，今天是圣诞节，祝老师圣诞节快乐！""噢，是王翔宇同学，老师谢谢你的礼物，也祝你圣诞节快乐！"我边说边注视着这个叫王翔宇的小男孩跑回自己的座位。

中午，来接王翔宇放学回家的奶奶告诉我，昨天晚上睡觉时发现，王翔宇被窝里有两个苹果，便问他为什么要搂着苹果睡觉，孩子说，明天是圣诞节，他要把这两个平安果送给老师。我手里拿着这份礼物仔细端详，纸盒里还夹放着一页小纸，那是王翔宇手写的小贺卡，上面用铅笔画了一个心形图案，还写有一行小字："老师，您像妈妈一样关心我，我爱您，老师。"之前，我已经得知王翔宇由于家庭变故，从四个月大的时候就跟着爷爷奶奶生活，平时很难见到父母，爷爷奶奶也许能在生活上给他弥补一些爱，但是在学习上却不能给他更多有效的管教和辅导，使得这样一个 6 岁的孩子虽然学习成绩不突出，但平时聪明好动且比较有想法。我想，也许是我平时对这一类的孩子更多地予以关注的缘故吧，为了使王翔宇树立信心，我总是在课堂上多鼓励、多表扬，与他更多地交心，甚至课下一起做游戏，我甚至有几次像妈妈一样抱着他，就是想给予他更多的爱。

著名教育家陶行知先生说过："教育是心心相印的活动，唯独从心中发出来，才能达到心的深处。"这不是一份普通的礼物，这是孩子一颗真诚感激和回报老师的心。我由此想到，教师只要时刻关心身边的每一位学生，把信任、鼓励和爱倾注到学生身上，驱散他们内心的胆怯和自卑，学生一定会更加阳光、更加自信。

把生字写在手上

四年级的学生已经完全具备了课前预习、自主学会生字的能力。为了检查学生课前的预习情况，在每次学习新课之前，我都会组织学生听写新课文中的生字词。

在一个周五的语文课上，我检查完学生的预习听写，正准备反馈学生的听写情况时，突然有个学生举起手来，大声说："老师，朱锋义把生字都写到手上了，他听写的时候偷看了。"这时全班同学的目光都聚集到朱锋义一个人身上。只见他满脸通红，耷拉着脑袋显出窘态。听到这里，我是满心的愤怒，准备把他狠狠批评一顿，以便在全班上下起到杀一儆百的作用。我沉着脸说："朱锋义，你到前面来。"他听了我的话慢吞吞地离开自己的座位。在他往前走的过程中，我想：他把生字写在手上，也许是担心听写的时候忘记了，可能想好好表现自己，只是方法不正确。如果就此批评了他，肯定会打击他学习的积极性，那他以后对语文学习的兴趣可能会就此丧失。当他走到我前面时，我让他把手伸给我看看，只见他左手手指和手掌上密密麻麻地写满了字。我对他说："昨天晚上预习的时候怎么把生字都写到手去了，是不是怕记得不深，怕听写时忘了才这样做的。"他点点头。我接着说："古时候岳飞为了不忘忠心报国，把精忠报国刺在了背上。你把字写到手上是为了不忘记生字词长什么样，可是要是用水使劲一洗，就又没了，我看还是放在心里才最牢靠，你说呢？"只见他已是满脸羞愧，我想他肯定认识到自己错了，然后我对全班同学说："我相信，朱锋义把字写在手上是为了记住生字，而不是为了听写时偷看，我也相信他下次一定会把生字记在心里的。"

　　就这样，一场差点由听写引起的风波平息下来。我想，每个孩子在平时的学习生活中都会有犯错的时候，在学生犯错的时候。不能盲目地批评教育，而应运用教育智慧，心平气和地与学生进行交流，在言语交流中引导学生认识到自己的错误，并加以改正。这种"润物细无声"的教育既纠正了学生的不良行为，又不会伤害到他们的自尊心，学生对老师才会产生敬爱之情，对学习才会有兴趣。

把课堂还给孩子

为了迎接市教学示范学校的验收，每个老师都必须准备一节课试讲。明天下午第一节课，就轮到我试讲了。我已经备足了课，有了自己的思路，教案也很熟悉了，也先让学生们提前读课文了，就是不知道同学们预习得怎么样了？

合上教案，一个念头在我脑海里浮现：为什么要让学生按照我的思路来呢？为什么不放手让他们自己来预习一下这篇课文呢？可我马上又否定了自己，我不教，同学们怎么预习呀！就在内心感到矛盾之时，有一种强烈的好奇又促使我，一定要试一试，相信孩子们能行！

到了试讲日，第一节课我把几个问题写在黑板上，包括课文有几个段落，用什么办法记住二类生字，都有谁帮棉花姑娘治了病，最后是谁治好了她的病……"老师，我来回答！"第一个积极举手的是师浩越同学。"老师，我知道'姑娘'用加一加的方法！"苏佩佩答道。"老师，我来回答！""老师！""老师！"思维敏捷的同学们积极踊跃地回答着我的问题。孩子们每回答对一个问题，我就把准备好的贴画发给孩子们。在我的鼓励下，全班都争先恐后地回答问题，整堂课气氛活跃，学生们也感到这节课形式非常新颖。

这是我以前曾经费尽心思，想尽各种办法都难以达到的效果，现在却顺其自然地达到了，而且我还意外发现：以前不举手的同学现在都很积极，那些以往表现积极的同学这次更出色、更完美，从孩子们介绍小动物的话语中完全听得出自信和自豪。

　　此时，我思绪万千，课堂是我们教学的主阵地，课堂是培养学生创新思维的主渠道和主阵地，要让学生在课堂上真正动起来、做起来，促使学生自由调控，自由探讨，自由争论，张开想象思维的翅膀，实现我们教育预期的目的。我们何不把课堂还给学生呢？当我们切实做到以学生为主体，真正把课堂还给学生时，你收获的必定是一份惊喜！

哪来的蚊子叫

读书，大家都认为是非常有益的事情。然而，就中国读书现状而言，又有多少人喜好读书并坚持读书继而以其为乐趣呢？

校园，是孩子读书学习的地方，按理说孩子应该喜欢读书，但是，又有多少孩子真正喜欢读书呢？经常告诉孩子读书如何如何有用，多么多么重要，可是，说归说，孩子就是不去做，你又有什么办法呢？

手捧教科书，精美的文章老师讲了读，读了讲。讲台上，老师绘声绘色，抑扬顿挫，极尽所能地领着孩子把书（课文）读好。可是孩子呢？只有少部分学生张开嘴，投入老师的激情中去，大部分学生只是在那里随声附和，言不由衷，那读不能称得上读，只能叫哼哼，更像蚊子叫！即使一篇课文勉强读得"可以"了，再读一篇新课文，学生的朗读甚至有些"不堪入耳"！

为了调动每一位学生的学习积极性，我采取了抽签展示读书的方法。规定读书的书目为同步读本《心灵花开》，每一篇文章编上页码，每一节课上课前让一名学生抽签，抽到哪一篇文章就读哪一篇文章（签号上有页码），学生在讲台上展示读，全体学生是评委。如果读得好、正确、流利、有感情，可以在小组"读书星星榜"上获得一颗小星星，学期末评选读书小明星，班级里进行一定的奖励。

先从班长开始，班长读得不错，赢得了全班同学的喝彩。有几个学生也想试试，结果读得不好，我委婉相告，鼓励他们下次继续努力。这时候，孩子们都捧着读本，不用我说，都在那里认真地读着。说不定下一个抽读的学生就是自己，如若读不好那该多丢人。

我期待着孩子们把精彩的朗读呈现到我的面前。

读书在继续，精彩在延伸……

又被小瞧了

在教二年级语文下册学习园地四"我的发现"时，孩子们大声读着，我让孩子们看后面的泡泡——读读那些词语，那些词语中的每个词中的"厂"字交换了位置，发现……

孩子们很兴奋，一个个小手举得很高，争先恐后地说着。

"字没有变，词语的意思变了，变成了一个新词。"

"每一组的两个词有一定的联系。"

"两个词表示的意思不一样，很有趣。"

…………

"能试着自己写几个这样的词语吗?"我想让孩子们动动脑筋。我自己也在教本上试着写了几个，感觉到有一定困难。为了激发孩子们的竞争意识我分了几个小组，看看哪个小组写的词语多。

一时间，孩子们叽叽喳喳教室也热闹了起来，孩子们的头凑在一起，互相说着自己的答案。

我想，孩子们不可能写很多，可是当小组长站起来汇报的时候，让我大吃一惊。有的小组一口气能说出 20 多个!

"火红红火，中心心中，上船船上，彩云云彩，开花花开，开张张开，上车车上，上海海上，上天天上，色彩彩色，下楼楼下，故事事故，产生生产，前面面前，领带带领，马上上马，南海海南，音乐乐音，过去去过……"结果真的超出想象。

孩子的潜力就是大，能想出这么多的词语!当然，有的孩子写的词语也不恰当。

通过这件事，我对自己的教学进行了反思。为什么语文课上孩子们提不起兴趣，注意力不集中，一个主要的原因就是没有调动孩子思维的积极性，孩子没有真正动起来。

让孩子主动发现，启发他们的思维，也许我们的语文教学才会更上一层楼。

蜕变：

破茧成蝶　向阳而生

熊孩子变"乖"了

朱金田是一个活泼好动、一刻也闲不住的男孩，他曾经拿别人东西上瘾且不当回事，上课注意力不集中，作业书写非常潦草，家长也是恨铁不成钢但又管理不得法，孩子出现问题后家长往往极其焦虑，又打又骂。上学期周末的一天，妈妈让朱金田下楼去买煎饼，朱金田在返回时捡了一块小石头把邻居停在小区院子里一辆崭新的奔驰车划了长长的一道，邻居通过查监控找到朱金田家长要求赔偿 1 万多元，家长自然气不打一处来，捆住孩子的双手和双脚对其进行惩罚。

寒假里，我把朱金田的妈妈拉进积分管理培训群，2 月 13 日晚上听完专家报告，朱金田的妈妈坐不住了，当晚 23 点 11 分我收到了一封长长的短信：吴老师，这么晚打扰您了，我想知道孩子在您眼里有优点吗？说实话，在我眼里孩子缺点的确很多，我只能找出一点点优点，孩子的父亲说没有优点！今晚朱金田也听课了，听完后问我，妈妈，你怎么不写我的优点呢，是不是我一个优点也没有？能看出来他有点伤心，我就使劲想孩子哪里好，我又打电话问了我小姨和我姐姐，她们也说出了一些。10 点了他还不睡，一直等我写出来，他看完后才回去睡觉。说实话我很想鼓励鼓励他，希望能找到他的开关，改掉他的不良习惯。吴老师，您能说出他的优点吗？

我看了这段话，深切感受到家长那种急切焦虑的心情，我一口气写了朱金田的 10 个优点，最后我写道：你的优点还有好多呢！老师不再一一列举了，回头老师会单独告诉你的。2020 年 2 月 15 日晚上，华之梦教育集团专家李维新老师的报告一开始就引用了朱金田的案例，结束时又表扬了他们小组的打卡积分，肯定了朱金田的进步。报告一结束，朱金田的妈妈激动地给我打来电话说："我和孩子听完了报告，您指出的 10 个优点对孩子的鼓励特别大，谢谢您！他也一直在听我们打电话，听到您的鼓励和表扬，他眼里含着泪花默默地钻进被窝里了。"之后每天的打卡积分更是调动了他参与其中的那股劲儿，每天都早早起床背诵古诗、诵读英语、认真写作业、帮妈妈做家务……打卡积分都保持了满分，老师和家长看在眼里，喜在心上，不由得说朱金田变"乖"了。

　　冰心曾经说过一句话："爱是教育的基础，是老师教育的源泉，有爱便有了一切。"的确，爱是阳光，可以把坚冰融化；爱是春雨，能让枯萎的小草发芽。只要有爱，人与人之间将会达到和谐圆满，师生之间将会达到互敬互爱。

爱是舞蹈的旋律

引领着孩子们就这样一同行走在路上。

孩子们在一年级阅读了大量的儿歌、童话，背诵了《三字经》和90多首古诗。现在班里有两个孩子背诵完了《古诗文》的全部，我又推荐了背诵《唐诗三百首》。李梓萱背了60余首，尚俊宇背了260余首。孩子们在一年级时就坚持每周写一篇日记，我们三个班合出了学生日记《丑小鸭》的1、2期。孩子因为有了一年级的阅读打底，二年级的写作已经是水到渠成了。

有益的阅读会让孩子走得更远。朱永新教授这样说："一般的家长还缺乏较高的专业水平，并不能在众多图书中选出适合自己孩子的书。作为一个国家、民族，需要有共同阅读、共同写作、共同生活的经历。只有共读一些书，才能有共同的语言和密码、共同的价值、共同的精神家园。"是的，我们不能背离我们的教科书，他们是母乳，他们的营养在特定的母乳阶段最好、最安全、最有效。但是一个人的健康成长仅靠母乳是不够的，还需要大量的课外阅读来补充和提高。我们不能只局限于目前阶段，更要为了他们的一生考虑。因为大量的课外阅读对一个人形成广阔的智力背景有非常重要的作用。所以，阅读应该从妈妈开始，由妈妈把孩子带到阅读的世界，这是最好的引导方式。孩子的阅读过程应该是一个自由生长的过程。刚开始时不要给他们过多的方法上的指导，不要再回到语文课的模式上来，否则就是又给了他们另一个紧箍咒了。随着阅读量的增加，可以慢慢交给他们一些读书的方法，学会在阅读的时候，有自己的思考。

家长们在一年级时的顾虑已经消除。想起入学初和孩子一起读书时的酸甜苦辣，那时对老师做法的迷惑，甚至是些许的埋怨，今天终于有了正解。小虎妈妈、瑞彬妈妈、星彤妈妈，在感谢我的同时，也在博客上记下了孩子成长的足迹。这是瑞彬妈妈给我写的电子邮件。

吴老师：

您好！

今天是 3 月 8 日，祝您节日快乐！瑞彬一早就想给您买鲜花，可是我想没有水滋润的花儿很快就会枯萎，倒不如让它们优雅地绽放在泥土里，把对您的祝福放在心里。

下班回到家，看到瑞彬兴奋地看着一本书，凑过去一看，是《窗前的童年》，随手一翻就再也不能放下，于是我们母女在争着谁先看。现在是深夜 23：50，我一口气读完了这本书，有一种力量促使我的手不停地翻，说是目不转睛都为不过。开始是出于好奇，想知道女儿的一年级到底是什么样子的，读着读着就很感动，我觉得用语言来形容您对孩子们的爱太过苍白，您是合格的"小林老师"！我只想说我女儿遇到您，三生有幸！希望一直跟随着您一起成长！

还有您行云流水般美丽的文字，如沐浴春风般的舒畅。谢谢您，谢谢您记录下这宝贵的时光，希望还会有，我和我的二年级、三年级、四年级……这本书会跟随着瑞彬一生，孩子长大后会更加理解您的爱，怀念您的爱，待到她古稀之年取出阅读时，心里充满的仍是对您无尽的感激。

祝您工作顺利，出更多的好作品！

王瑞彬的妈妈

还有李星彤妈妈的短信。

吴老师：你好！

我是李星彤的妈妈。看到你为孩子撰写的《窗前的童年》很受感动和启发。由于工作的忙碌，忽视了对孩子的教育和关爱。和你相比，我自感惭愧。你把84位活泼可爱的孩子们在学校的点滴记录得如此生动和美丽，字字句句渗透出对孩子的关爱。对此，看得出你是一位善良、温柔、细腻的好老师，把孩子交给你，我们全家十二分的放心和感激。星彤的成绩不是很好，这是我的疏忽造成的。这一点你放心，我以后会好好地照顾女儿，教育女儿。告诉她要好好学习，尊敬师长，做一个对社会有用的人。

你看，我把孩子本来的生活还给了孩子，孩子妈妈就有了这般的热爱和感激。

童年开始，人生就开始了。孩子绝非一张白纸，他已经在自己的人生轨迹上打下了底色。他和我们一样具有思维、意志和情感，有自己的价值判断。他是一个活生生的有思想的人，并非一团无生命的泥团，任由我们揉捏。他是一个独立的人，并且还是具有无限发展能力的人。他是我们教学活动中的主体。这也正是我们在教育中遇到的焦点。发展他飞扬的个性，保护他非凡的创造力，播下德行的种子，我们必将有所收获。

怎样让我们的孩子拥有快乐幸福的人生，更需要我们教育者的深思。教育的话题实在太长，还需要我们每个人在教学中思考研究和给予。

我想我们虽然没有物质的奢华，但我们还是要追求精致的生活。平庸中却拥有了太多的和平与快乐，洗尽铅华呈素姿，这就是低调的奢华。做聪明人很累。要我选择，我还是喜欢做一个愚笨的人，因为愚笨的人最容易找寻到幸福。

今天的心也是战战兢兢，惶恐不安，浅薄之言还请大家多多指教。谢谢各位领导和老师。

"问题家长"下的"问题学生"

担任班主任工作，我接手了不少比较散漫、后进生集中的班级，但我从不计较，还给自己定下工作原则："关爱每一位学生，绝不让任何一名学生掉队！"

2016年暑假结束后，援教归来的我接手的六年级（6）班中有一名特殊的学生，他叫韩宇，我了解到该生在一年级时因站路队时调皮，和小伙伴推推搡搡，被班主任老师打了两下屁股，家长知道后得理不饶人，天天到学校闹腾要求处理班主任并调换班级，最后班主任老师进行了赔偿并被调离单位。后来家长经常到学校找老师的麻烦，从二年级一直到我接手前的五年级，造成了后来对韩宇的管理是家长不让管、老师不敢管，加上家长始终不配合，使得该学生的学习品行越来越差，成绩一落千丈。

我接班的第二天晚上，韩宇的同桌新宇妈妈给我打来电话："吴老师，孩子胳膊上全是伤口，说是同桌韩宇用刀子给划的……"我看了新宇妈妈给我拍的照片足足有十几道伤口，又心疼又生气，安慰家长先给孩子治疗伤口，接着我给韩宇妈妈打电话，家长说出差在外地，我要求她先给新宇家长打电话道个歉，可是等了一天，韩宇妈妈也没有给家长道歉。我只好先从孩子身上找突破口，告诉孩子同学之间应该和睦相处，你的行为属于校园暴力，是违法犯罪的行为。让孩子认识到自己的错误，并向新宇道歉。平时我认真观察韩宇，想找到帮助该学生的突破口，我感觉韩宇做事爱表现，接受能力强，可塑性强。之后的一段时间我一有时间就找他谈心，就其优点多鼓励，也和各任课老师沟通，对韩宇多给予一些帮助和指导，很快这个学生提高了信心，成绩也慢慢提高了许多。

韩宇家长看到自己的儿子学习进步了，戒备心理也慢慢地放松了，一天下午她接孩子时遇到我，主动告诉我孩子上次欺负同学是不对的，我便趁机教育她说："我们要将心比心，咱孩子受了委屈我们心疼得要命，同样别人家的孩子也是家里的宝贝呀，我们得教育孩子有爱心，敢作敢当……"谈话让韩宇家长认识到她自身在教育孩子方面存在诸多问题，随后韩宇家长向我保证以后会好好配合老师教育孩子。毕业考试时韩宇的各科成绩基本合格，其中思想品德课还得了满分。毕业时韩宇表达了他的感激之情，孩子的家长也专门表示感谢，并表示已经深刻地认识到了自身的问题。

拔"刺"助长

　　从开学到现在，每天总是在匆匆忙忙中度过，我既是班主任又是语文老师，同时还承担着学校的教学管理工作。这天早上，当我巡查到我班的晨读课时，刚走到门口就听到教室里书声琅琅，走进教室一看，是行行同学在带领着同学们晨读。看到行行认真的样子，我不禁想起以前的行行，他已经不是那个让我既爱怜又头疼的"小刺头"了，行行的进步可真大！

　　行行在班内原来是一个聪明活泼又特别闹腾、爱恶作剧的男孩，上课听讲不专心，缺少纪律意识，经常抢周围其他同学的铅笔、橡皮、卡纸……搞得周围同学都避而远之。我经常一边找行行谈心，一边和其家长沟通交流，希望家长配合学校加强管教。尽管这样，行行总是好上两天又依然故我。

　　然而这件事让我对行行的教育有了转机。有一天邻班的班主任高老师对我讲，最近几天她的太阳帽几次被人扔进脏水桶里，中午发现鞋子又被人灌了水……也不知道是谁干的，我便建议高老师找韩主任查查监控。下午放学时，韩主任打来电话："你看看我给你发的视频监控截图，是你班的同学吧？""是我班的行行！"我又仔细查看了韩主任发来的监控视频，了解了事情的整个经过。是行行在高老师的鞋子里灌了水，前几天高老师的帽子被扔进脏水桶里也是他干的。后来我通过询问行行以及与他的家长沟通，在视频证据面前，行行最终承认了自己的错误行为。这一切都来源于他对曾受到高老师的批评而产生的报复行为。

　　我考虑到行行的特殊性格，决定好好和孩子谈一谈。下课后我把行行单独叫到办公室，聊起《植物妈妈有办法》这篇课文，苍耳身上的刺是为了保护自己更好的生存，同时刺到人会产生极大的痛苦。我特意问行行："你想想有没有做过伤害别人的事？如果做过，是不是说明你自己身上也有小刺呢？"他想了想说："有，就是我身上的坏毛病。"我进一步指出："你这几天对高老师做过的事是不是对高老师造成了很大的伤害？接下来你应该怎样做？"他有些不知所措，我便开口安慰他："人都会犯错，能知错改错就是好孩子！"我给他提出建议，希望他找高老师认错并取得高老师的原谅。我们还达成协议，只要你以后遵守纪律，老师将永远给你保密，并且下周还可以让你担任纪律班长。于是，在接下来的日子里，只要我发现孩子身上的闪光点就及时表扬，让全体同学为他点赞，彻底改掉不良习惯，从而使行行不断找到自信。

从行行身上让我体会到，对于这类孩子，还是要找到他的盲点，触及他的痛处，唤醒他的精神。还应该和家长一起，让他们从对不以为然的学习状态中走出来，认识到纪律的重要性，真正从内心树立集体荣辱观，才是解决问题的关键。拔除孩子身上各种带问题的"刺"，才能让孩子在体会到痛时，涅槃重生。

"哑巴"也会说话

陶行知说过："真教育是心心相印的活动，伟大的师爱对一个人的影响是终生的。"

记得那是在 2004 年 8 月，我在课堂上遇到了一个难题。那时我在五年级的一个班上课，当我提出问题让一个叫王玉华的同学回答。只见她站起来嘴角微微动了几下，却没有说出一个字，这时就有同学小声说，"老师，她是个哑巴""老师，她的胆子一直都是这么小""老师，她平时就不爱说话，特别是回答问题时就更不敢说了""不用管她"……听了这些我立即意识到事情的严重性，接下来我便让她先坐下，让其他同学回答此问题。下课后，我开始思考该怎样才能走进学生的心里？再上课时，我便对大家说："同学们，老师想和你们交朋友，你们愿意让老师成为你们的朋友吗？"学生们都说愿意，于是我又说："老师有一个提议，就是同学们把生活中所遇到的开心的或不开心的事都可以写到纸上，然后把它交给老师，这样老师就可以替你解决一些困难或分享一些快乐了，怎么样？"同学们都很开心地说好，纷纷拿起纸和笔开始写，这时我注意了一下王玉华，见她认真地拿起笔来，思考了一下，便认真的埋头写了起来。

收到纸条后，我便迫不及待地打开王玉华的纸条。

老师，你好！我叫王玉华，我有一个弟弟，妈妈一点儿都不关心我，只关心疼爱我的弟弟，我在家里一点儿地位也没有，所以我非常自卑，从来都不敢多说一句话，我不明白妈妈为什么不喜欢我。

看过以后，我的心情非常沉重，于是我拿笔写道："王玉华你是一个懂事的好孩子，我想你的妈妈并不是不关心你，可能是弟弟太小的原因，致使你的妈妈将更多的精力放在了弟弟身上，这并不代表你的妈妈不爱你。老师相信，你的妈妈很爱你，孩子你要记住，每个人来到世上都是平等的，没有人能剥夺你说话的权利，也没有人能够剥夺你快乐的权利，老师希望你以后不管遇到什么事情都要积极勇敢地去面对，老师支持你！相信你是最棒的！"

之后再到她们班上课时，我总是有意提问王玉华，起初她还是有点胆怯，我鼓励她说："没关系，回答错了也不要紧，只要你勇敢地说出来就好！同学们给她加加油怎么样！"有了我和孩子们的鼓励，王玉华终于鼓起了勇气回答了问题，接下来就是一阵雷鸣般的掌声，看到王玉华开心地笑了，我很是欣慰。从那以后，王玉华变得越来越活泼，每次见到我总是很远就喊：老师好！

虽然此事过去已有18年了，王玉华也早已毕业，但每次过教师节时，她都会给我发来祝福短信，有时还会带上小礼物来看我。通过这件事，让我知道每一个学生都是一个世界。要想成为每一个学生的朋友，得到每一个学生的信任，就需要付出真心的爱。只有热爱学生，设身处地地理解学生、帮助学生，才能教育好学生，才能让最大限度的教育发挥作用。

教育需要赤诚的爱，没有爱，就没有教育。爱是每一个学生都希望得到的精神雨露，教育是爱的共鸣，是心与心的呼唤。无论家庭条件好坏，无论是听话的还是调皮的，都渴望得到老师的关爱，这种爱可以唤起学生美好的人生，使他们摆脱自卑，增添信心和力量。在教学工作中，我始终把对学生的爱放在第一位，因为，师爱是德育之本，师爱是德育的灵魂，爱学生是教师的天职！

天使恶魔一念间

自学校组织学习李维新老师的积分教育,我就在自己的班级里一直实行。今年暑假刚刚接手六年级,我在新的班级也开展了集优积分挑战活动。积分挑战活动的开展很好地调动了学生的积极性,同学们的表现比之前大有进步,其中变化最大的是我班的张继荣同学,他就是李维新老师所说的"天使学生"。

当了这么多年的班主任,见过形形色色的学生,但像张继荣这样的学生还真是少见,这个孩子学习成绩差,习惯差,脾气暴躁,难以沟通,连他自己的父母都放弃了。每天晚上在奶奶家玩游戏,早上上学迟到,上课睡觉,怎么也叫不醒,桌子周围全是垃圾,怎么也清不干净。每次调座位,同学们都嫌弃他,不愿意和他成为同桌,也不愿意和他同一个组。他所有的作业都不交,老师跟在屁股后面也要不来,只要一下课就不见人影,课间操也不愿意上,有时还逃课,经常因为不戴口罩、红领巾而给班级扣分,他还跟家长吵架,摔东西,犹如恶魔一般。面对这样的一个学生,我一开始不动声色地观察他,当我对他有一定的了解之后,我就开始琢磨怎样用集优积分来改变他,帮助他,让他成为一个正常的孩子,变成天使一样的存在。

有一天,政务处下通知要检查卫生,当天下午我送完路队回到教室,发现张继荣和另外一个孩子竟然留在教室里打扫卫生,排桌子。我就问了一声:"你们怎么还不走呀?"张继荣说:"老师,我们自己想留下来打扫卫生的,教室里有点乱,政务处来检查卫生会扣分的,打扫干净就不扣分了。"当时我一听，心里可暖了，多么好的一个孩子，集体荣誉感这么强，同时借此机会对他表扬了一番。之后在班会课上，对他的这一行为又大大赞美了一番，号召全班同学向他学习，当时他特别开心，笑得特别灿烂。我也特地给他的父母打电话说了这件事，沟通了孩子在校的情况，并且商量好以后由妈妈负责后勤工作，爸爸负责学习、接送，争取让张继荣有很好的转变。在学校里，我只要发现他有好的改变，就给他加分，比如：早上不迟到加1分，上课不睡觉加1分，能完成当天的作业加2分，按时跑操加1分。如果受到任课老师的表扬，会另外再加分。同时，他的每一点进步，我都会在全班同学面前进行表扬，给他树立信心，让他从老师的赞美中感受到鼓励和认可，让他从同学的目光中感受到善意和接纳。虽然他距离太阳还很遥远，但他已经张开翅膀准备飞翔了。

慢慢地，我发现了他的变化：衣服干净了，脸上的笑容也多了，在班里也敢大声讲话了，这都是好的开始。他学习成绩不好，在学习上不能对他有太高的要求，不然的话他永远完不成，所以他只要上课不睡觉，能坐住认真听，抄写的作业能按时交，不会的简单问题可以问同学或老师，就可以得到相应的分值。我灵活运用李维新老师的"三明治"，只要他有一点点的进步，就及时表扬他、鼓励他，增加他的信心。我也经常给他父母发信息，表扬他的进步，让他在家也能体会到家庭的温暖。

在我的鼓励下，现在他在我的语文课上，不但认真听讲，还积极举手发言，哪怕是回答简单的问题，同学们都会掌声鼓励。他不仅语文课进步很快，在数学和英语课上也有很大改变，两位老师也经常跟我交流他的转变。

今年的语文素养考核，是古诗背诵和现场作文，张继荣同学竟然能站在讲台上大声讲故事，同学们都为之惊叹。能站在讲台上给同学们诵读古诗和现场作文，对他来说就是一个天大的进步。

这个孩子正在慢慢朝好的方向发展，希望他能够越来越好，融入集体中。在转变他的过程中虽然他会反复犯一些小错误，但我都会去包容他，给他正确的引导，同时我也经常和家长沟通，让家长多表扬、多鼓励，让张继荣知道所有的人都在帮他，让他越来越好。现在他的变化明显，父母也很欣慰，家庭也和睦起来。

通过集优积分，孩子在学习和行为习惯上有了很大的进步，尤其是在"天使学生"的身上，我体会到了集优积分的巨大魔力。

"迷路"的孩子回家了

我们常说："孩子是家长的影子。"每个班里总会有一些家长以自己忙碌为理由，不配合学校和老师的管理，对孩子疏于管教，致使孩子成了习惯差、学习差的问题学生，也成为让班主任和老师们最无奈、最操心的学生。2020 年的疫情防控期间，孩子们在家里上网课，我采用集优积分、小组合作的形式调动孩子的积极性同时管理班级。

孙耀诚同学学习成绩差，平时对学习毫无兴趣，上课经常睡觉，下课皮打皮闹。1 月 31 日是我班寒假打卡积分的第一天，下午孙耀诚家长突然打来电话："吴老师，孙耀诚今天先不打卡了，他已经睡觉了。"我看了下时间还不到 6 点，"噢，睡得这么早呀，那明天补吧。"我答道，其实我知道是家长在帮着孩子撒谎，是为了逃避学习。第二天一大早，他们小组的组长项梁徽同学不断地提醒他："孙耀诚，快点打卡呀!"小组的另外两个同学也不住地催促他……这种办法终于有了效果，孙耀诚竟然开始打卡了，之后的这段时间，我也不间断地鼓励他。出乎意料，2 月 12 日挑战写字一项全班第一个打卡的竟是孙耀诚，2 月 13 日挑战背诵小组 PK 赛，孙耀诚竟然一个字也没出错，2 月 15 日的挑战写字打卡孙耀诚还多写了一页。我在他的作业上写了一个大大的"棒!!!"，发到班级群里，全班同学都为他点赞。

我班类似这种情况的还有于仁庆同学，他属于一提学习就犯"抽动症"的一类，近段时间，我以指导他写字为突破口，每天通过微信单独指导，特别是督促家长配合，让他按时打卡，于仁庆逐渐跟上了全班的学习节奏，家长高兴地说："多亏了吴老师的耐心指导，不然就麻烦了!"。

看到孩子们的进步我不由得说："集优积分让迷路的孩子回家了!"

"落网"少年"脱网"

　　小林在上五年级前一直是个品学兼优的学生，尤其是他的数学、语文、英语这三大主课学得特别扎实，平时考试几乎每次都是满分，在班级内是孩子们学习上的标杆。进入五年级后，不知什么原因，他上课经常无精打采，有时听着课就睡着了。为了弄清楚原因，我决定利用周末好好地与小林的家长沟通一下。

　　我把小林在学校的表现告诉了小林的家长。"这段时间我的厂子太忙了，没有时间管孩子的学习和生活。"小林爸爸说，"尤其是近段时间他迷恋上游戏，经常和几个小伙伴一起玩游戏，晚上很晚才回家，上个星期日，还拿了家里的100元上网吧玩游戏……""老师，你快帮我们管管这个孩子吧，要不然这个孩子就废啦……"家长很无助地对我说。通过了解我知道了孩子退步的根本原因是家长因忙于做生意，而忽略了对孩子的监管和教育！我说："你别急，咱们一起想办法！"我和家长一起制订帮扶孩子计划，引导孩子进行有益身心健康的活动，像孩子喜欢的户外运动跳绳、打篮球……转移孩子的注意力，同时结合集优积分进家庭活动，在家庭中营造一种激励进步的浓厚气氛，通过召开家庭快乐会议，满足孩子的心愿，帮助孩子找回自信。

　　回到学校我把小林叫到办公室，首先肯定了他的优点，你过去是大家学习的榜样，是老师最信得过的学生，如果一直保持下去，你是很有前途的；然后指出沉迷网络游戏的危害，当今的五项管理（作业、睡眠、手机、读物、体质管理）明确指出"上网严重危害孩子的身体健康，荒废了孩子的学业……"让小林认识到自己的错误，尤其是拿家长的钱上网消费，这种行为有滑向违法犯罪道路的危险。

　　思想是行动的先导，行动是思想的落地。一个孩子的变化是一个长期的反复的不断上升的过程，通过家校配合以及一段时间的教育引导，小林有了一些改变，同时我会继续跟进指导，关注这个孩子的成长。

我有两个妈妈

2005 年，因工作和生活的需要，我调入临沂第四实验小学，担任五年级（1）班语文教学兼班主任工作。在和原班主任刘老师交接时，她告诉了我一些班级里的情况，尤其是孟珂莹同学经常不写作业，上课时经常走神，对语文课毫无兴趣。接着我进行了家访，了解到这个孩子是独生女，家庭条件比较好，爷爷奶奶对孩子又比较溺爱，尤其是在学习方面很任性。经过一段时间的观察，我发现这个孩子很爱读书，一有空就沉浸在书中，有时还会咯咯地笑出声，尤其在写作方面有自己的独到之处，文章立意新颖，让人耳目一新。在一天的作文分享课上，我把孟珂莹同学写的作文《夏洛的网》读后感读给全班同学听，并赞扬她文章写得好，让全班同学为她点赞，树立她为班级内读书写作的标杆，我发现孟轲莹同学眼圈儿红红的。以后的时间里，我不断地捕捉她身上的闪光点并给予表扬，有很多次把她写的文章当作范文分享给全班同学，并推荐到学校广播室广播，还有好几篇文章在学校校刊发表。慢慢地孟轲莹对语文学习有了兴趣，不但字写得漂亮，学习成绩也成了班里最优秀的。在毕业前，她给我写了一封信："吴老师，您比我的妈妈更关心我，更懂我，我以后一定要好好地学语文，如果我学不好，就对不起您对我的关心……"毕业之后，她进入了我们当地的重点中学，并担任班里的团支书和语文课代表。

法国教育家克洛德·阿德里安·爱尔维修曾经说过："即使是普通的孩子，只要教育得法，也会成为不平凡的人。"孟轲莹同学的转变让我感到很欣慰，我想应该是赏识教育转变了她。

又睡在冬青地里

　　一天凌晨 1 点多了，我的电话突然响了起来，我赶紧接听，电话那头传来声音"吴老师，你班里有个孩子叫王一凡，现在在学校传达室里。"原来这孩子已经有 3 天没有回家了，放学后就在外面流浪，今天晚上睡在学校门外面的冬青地里，被保安发现领回了传达室。我赶紧给其家长打电话："孩子好几天没回家，你们知道吗?"然而他的家长早已见怪不怪，说："丢不了，我们说他也不听，这样好几次了。"家长的话让我感到很意外，孩子不回家也不着急找，这种情况真的很少见! 看来得进行一次家访了解一下孩子的成长环境了。

　　周末的下午，我和王一凡家长约好见面商谈孩子经常不回家的情况。家长说："孩子从小跟奶奶一起生活，奶奶家里比较穷，为了生存，到处捡垃圾，有时候夜里不回家就睡在外面……""现在老二才 5 个月，根本没有时间管他……"这使我想起前段时间有家长打电话说王一凡的事，放学后跟同学一起到同学家吃饭，还想在同学家住下；还有一次其他班的家长打电话说王一凡放学后一直往西走，结果迷路找不到家了，还是别的家长把他送回了家。这是严重缺少家庭温暖的孩子，我觉得这个孩子太可怜了，我想帮帮他!

　　第二天一大早，我给他买了早餐，领他来到我的办公室，看到他满身被蚊虫叮咬的红疙瘩，心疼地说："孩子，饿了吧，赶快吃饭吧……"随后又告诉他晚上不回家在外面很不安全，一旦遇上坏人，就麻烦了。这样做还会让家长老师为你担心，是不负责任的表现……王一凡认识到自己的错误，并向我保证以后会按时回家。晚上我把王一凡同学送回家并再一次家访，要求家长必须负起监管的责任，如果没有空接孩子就告诉我。家长也被我的行为感动了，也认识到自己没有尽到做父母的责任，对孩子非打即骂，采取粗暴管理，孩子在家里得不到温暖，从而不愿回家，并保证以后一定配合老师加强对孩子的教育。在之后的很长一段时间里，王一凡都没有再离家出走。今年他已顺利考上山东师范大学，在拿到通知书的那一刻，就给我打电话报喜。我表示了对他的祝贺，电话挂断后我欣慰地说："这孩子终于迷途知返了！"

呵护：

春风化雨　桃李芬芳

童心纯净如洗

校园是一个让心灵充满童趣，简单而纯洁的圣地，我骄傲我是一名小学教师！我爱孩子们挂满笑容的脸蛋，更爱望着孩子们清澈纯真的眼眸。

似水流年，留下的是宝贵的无形财富和感动。还记得当第一个孩子走进教室时我眼巴巴地看着他，从他嘴巴里呢喃出一句："老师，早上好！"这是第一次真切感受到老师这个称呼的意义，责任感油然而生！记得有人说班主任这个职业看上去是很威风的工作，没什么难度，但是我想说这份工作是复杂、烦琐的，唯有付出爱心、耐心、童心才能驾驭好这份阳光下最光荣的职业！我奉献，所以我正在收获着……

一个叫果果的孩子让我感受到了孩子内心的小秘密和小叛逆。他是一个对自己有着严格要求的孩子，他表现出的不符合年龄的自尊心和荣誉感，常常让我对他哭笑不得！但是我深知这样敏感的孩子更需要得到老师的关注！果不其然各种状况接踵而至，果果常常会因为不满意自己的表现而懊恼，哭泣、烦躁困扰着他，甚至还有想要离开校园、离开爸爸妈妈的想法。意识到问题的严重性，一方面我试着修复果果的自信心，另一方面从家长入手了解果果的生活背景，得知父母工作比较忙，果果从小在爷爷奶奶的溺爱"褒奖"下长大，其实缺少父母的关注，感受不到自己的存在感，这才是造成孩子虚荣心和倔强性格的主要原因，通过与家长的及时沟通和不懈努力，果果的转变让我觉得自己的付出是有收获的，也因此我们成了无话不说的朋友。

很多时候我觉得自己既幸福又幸运，因为每天能与孩子们在一起，孩子们一点一滴的成长我都在参与，他们就像一个个长着翅膀的小天使，我们一起描绘着一个又一个故事，多姿多彩！当然我也有情绪低落的时候，擦干泪水蓦然回首，只见一双双纯真的眼睛在凝神注视着我，他们满含坚定的目光似乎看懂了我，刹那间如清泉一般，在我心中淌过，纯洁无邪的孩子们让我眼前的世界云开雾散，白云蓝天、绿草芬芳。

就这样，我与一群天真活泼，聪明可爱的孩子们一起成长、感受快乐、朝气蓬勃地迎接每一天。在与孩子们相处的每一天，我都用爱的眼睛去观察，用爱的耳朵去聆听，用爱的心灵去感受，他们犹如枝头绽放的簇簇丁香花，散发出阵阵清香，芬芳着我的世界，当我走进他们的世界，总会领略到其中的美好！

冰心曾说过："爱在左，情在右，走在生命的两旁，随时播种，随时开花。"我将会把真情播撒在每一个孩子中间，让我们成为彼此最美好的回忆。我坚信，不久的将来，彼此的成长将带给我们更大的成功！

爱的延伸

因为懂得，所以慈悲。——张爱玲

有人说，师恩如山，因为高山巍巍，使人崇敬；有人说，师恩似海，因为大海浩瀚，无法估量。新时代要成为一名受到学生爱戴的优秀老师，必须走进学生的内心，用爱心靠真情去感化他们，用真心靠知识去感染他们，在学生成长中多给予理解和协助，教师要学会放下教育者的威严，"蹲下来和学生说话"，及时化解学生一时的焦虑和胆怯，如果是这样，学生最终必定会将老师视作自己永远的朋友。

我在《意林》中读到过这样一个故事：一个贪玩的小女孩把自己的小狗带入了一家严禁带狗的商场。当她看到二楼的提示牌时，保安已经向她走来，她只好忐忑不安地等待着"暴风骤雨"的指责。而这位保安叔叔并没有批评她，而是对着她的小狗说："宝贝，你怎么糊涂了，我们这里是不允许小狗带小女孩进来的，不过既然来了，我也就不为难你了，等你离开时千万记住把小女孩带走！"听了这些小女孩有些不好意思地笑了。

读完后我深深地佩服这位保安叔叔的聪明做法，因为理解和尊重，这个犯了错误的小女孩被深深感动了。从这个故事中，我感受到了懂得与爱的重要性。浇树浇根，育人育心，也因此我的教育方式有了很大的改变，我学会用善意的批评代替了粗暴的斥责，让学生们也感受到批评可以是如此的委婉甜蜜。只有掌握了爱的艺术，你的心血才会浇灌出灿烂的希望之花！在平凡的工作中，我把爱的种子洒入每个孩子的心田，让学生明白老师时刻都是懂你的、爱你的，让学生情不自禁地亲其师而信其道。任何感情的付出与回报都是相互的，师生间也是一样。

全老师，是只教了我一年的小学语文老师。年轻、帅气、有活力，全老师别具一格的教学让我喜欢上了语文，更着迷于你手中具有魔力的教杆。记得全老师曾教过我们一首歌《长大后我就成了您》，因为这首歌，让我心中有了一个美好的愿望，长大后一定要成为全老师！为此，我一直不懈地努力着。成为您后，我才明白："那间教室，放飞的是希望，守巢的总是您；那支粉笔，画出的是彩虹，洒下的是泪滴……"

懂得，是一种发自内心的声音，是一个拥抱润湿了眼，是一声呼唤震撼了心。因为懂您——我的老师，所以长大后我就成了您；因为懂他们——我的学生，所以自从站上这三尺讲台，我就一直这么无怨无悔地默默付出着……

李光宇同学，是我教过的众多学生中的一员，是我只教了一年的学生，瘦瘦小小的，但聪明伶俐又可爱，心纯得像水晶、软得像棉花。记得那是我教学的第二年寒假，我去外婆家路过他家门口，他妈妈正在门口卖豆腐，看见我后，他急忙拉住我的手说："你快去我家看看东儿吧，他这几天想你都想哭了呢。""啊，不会吧？这也有点太夸张了吧！但既然已经都到家门口了，就进去看一下吧。"当小家伙第一眼看见我时，只羞涩地轻轻喊了我一声"老师"，然后张开双臂抱住了我。当时我蒙了，但当我低头看他的一瞬间，我的心被震撼了，心底最柔软的那根弦被这个十一二岁的男孩拨动了。从他那晶莹的泪光里，我读懂了他对我深深地依恋与信任。那一刻，我感觉当老师真好！在此之前，我从来都不知道我竟然有这么好！我也感动地用力抱住了他。如今他已大学毕业参加工作了，每年春节我们见面时，他仍会习惯地挽起我的胳膊，我们就这样在大街上行走，认识我们的人都会投来羡慕的目光，并说着，当老师真好！懂你，何须千言万语，默默地关爱，深深地疼惜，有人懂，幸福得让人心醉！当老师真好！

因为懂得，所以感恩，因为感恩，所以，让爱继续延伸……

送回印章的孩子

星期五下午放学后，整个校园里一片寂静。我在例行检查各班的电源门窗是否关好时，发现一楼大厅里有一个"你真棒"的印章。"好熟悉呀，这不会是我的吧？"我的宝贝印章平时都放在教室后面的办公桌里，怎么会出现在这儿？我赶紧回到教室，拉开办公桌的抽屉，发现平时放在里面的7个印章不翼而飞了。我既心疼又生气，这些印章已经伴随了我四年，是谁拿走了我的印章？我又该怎样把它找回来呢？这7个印章上面刻着"你真棒""爱读书""有进步""作业漂亮""继续努力"等字样，都是为了激发和鼓励孩子们在平时改作业时用的评语工具。我开始猜想，肯定是班级里哪个淘气的孩子拿走的，这位拿印章的学生，可能是想得到老师的鼓励与认可，也可能是我在平时工作中对这些孩子关注得不够吧。

随后在星期一晨会课上，我召开了一个简短的班会，对孩子们说："你们都是学生，老师和你们一样大的时候也犯过错误，但是老师敢于承认错误。小孩子犯错误很正常，但是要知错改错，敢于主动认错的孩子老师更喜欢，谁能帮老师把印章找回来或者送回来，我会替他保密，还会奖励他两个知错认错集优卡……"

下午上课前，我来到教室里，远远看见7个红色印章整整齐齐地摆放在我的办公桌上，旁边还放着一张字条："老师，我错了，您能原谅我吗？"我一看名字是班里最调皮的孩子——阚国坤，他曾经拿过同学的卡纸、铅笔、橡皮，老师和家长对他的行为表现也进行过教育，这阶段有了很大的进步。我悄悄地把他叫到我的办公室，摸了摸他的头，消除他的紧张心理，告诉他主动把印章送回来的举动很好，还会奖励他一张集优卡，主动写信承认错误我会再奖励他一张集优卡，还说如果通过自己的努力赢得这些印章上的评语，还会奖励他第三张集优卡。阚国坤听了之后，眼圈红红的，低着头说："谢谢老师对我的信任，我会努力的！"我的保密，阚国坤的保证和决心成了我们师生之间的约定。

　　对孩子多一分理解，多一分宽容，允许孩子改正错误，多给孩子一次机会，多一份关爱，就会多一分希望，多一份成功，也将会让师生关系变得更加和谐美好！

遇见阳光遇见爱

如果说世间一切美好都是遇见，那么三十载春华秋实，三十载岁月流转，与孩子们相遇，便是我生命中最美好的遇见。

难忘那个黑黑瘦瘦的小女孩，她胆怯而卑微的眼神，乱蓬蓬的头发，脏兮兮的衣服，作业完不成，成绩也一塌糊涂，没有小朋友愿意和她玩耍，像极了一只落寞的小灰鸭。我多次和孩子家长交流，却没有任何改变。

有一次，面对我的担忧和焦急，孩子妈妈无奈地对我说："老师，不瞒您说，这个孩子是我收养的弃婴，可能智商真的有问题。老师，这是她的命，你就不用管她了，随她去吧！"我不禁心头一震，但作为老师我怎么能坐视不管呢？我诚恳地对孩子妈妈说："不管怎样，咱们一起尽全力照顾好她！"后来，当她再次顶着乱蓬蓬的头发来到学校时，我帮她梳好头发，扎起了漂亮的小辫子，课堂上她偶尔怯怯地举起小手回答问题，我都会鼓励她，课下我常常找她聊天，传授她交朋友的小秘诀……一个明媚的春日，我带着孩子们在校园里一起"找春天"。

可没有孩子愿意和她一组，看着不知所措的她，我拉起她的小手，说："老师和你一组，还有其他同学要加入我们吗？"孩子们都兴奋极了，争先恐后地举起小手。她的眼中闪过一丝惊喜，小手紧紧地抓着我，忐忑不安地加入嬉笑玩耍中，我知道她终于迎来了她班级生活的春天。下课时，我让孩子们回家画出找到的春天，她第一个上交了作业，我和同学们一起欣赏这幅画：画中一群快乐的孩子中间，一位老师牵着一个笑靥如花的小女孩。那节课上，她的眼里露出了从未有过的自信和光芒。慢慢地，她也有了自己的好朋友，成绩也在一点点提高。不久前，她到学校来看我，她告诉我："妈妈让我一定要回来看看您。"走时，她留下了一张卡片："吴老师，谢谢您，您的鼓励和关心曾像一缕阳光照亮过我的心田。"

和她的这场相遇，让我感受到了教育的美好和纯粹，与其说是我唤醒了她幼小的心灵，不如说这个孩子触及了我内心最柔软的地方，她不仅丰盈着我的生命，更让我找到了内心的归属。望着孩子远去的背影，我的眼前浮现出了这样一幅幅画面："学会了系鞋带的小男孩笑得那么开心""内向自闭的男孩在'为你点赞'活动中开始主动说话""因家庭原因而心事重重的小女孩在含泪一遍遍读我写给她的信"最后，一个个可爱的面容全都叠加在一起，化作了芬芳娇艳的花园！

我为我的班级点赞

"盼星星，盼月亮，总算把你们盼回家了！"这是 5 月 28 日复学第一天上课时，班主任吴成花老师对我们说的话，我们每个同学听到后都感动极了，我们又何尝不想念吴老师呢？

早上，吴老师和我们一起朗读，"双飞燕子几时回，夹岸桃花蘸水开……"同学们朗朗的读书声原来是那么的悦耳、动听，就好像是一首美妙的音乐，让我百听不厌。

中午，我们在学校吃饭，吴老师告诉我们："谁知盘中餐，粒粒皆辛苦。同学们，你们可要'清盘'啊！"和亲爱的老师、同学们一起吃饭，我们不仅吃得饱，而且吃得非常愉悦。

晚上，我们和爸爸妈妈一起亲子阅读，并且把视频发到班级群里，吴老师还不忘为我们点赞，鼓励我们读名著，读整本书，从而养成人人爱读书的好习惯。在我们班级里，吴老师经常为表现优秀的同学颁发阳光能量卡，一枚枚小小的能量卡，里面有同学们的认真努力、坚持自律，我觉得更有老师们的辛勤付出和对同学们的殷切期望！在这个班级里学习，我非常骄傲，我为我的班级点赞！

同伴的重要性

连续八天的课程终于结束了。

孩子们欢呼雀跃地走出了教室。三个一群两个一伙地躺在草地上抱着团儿打着滚儿，把紧张疲惫释放给了秋天和草地。

杨杰平静地收拾好了书包，安静地离开了座位，去操场排队。周围的孩子在他身边绕来绕去，追逐打闹着。他的眼睛里闪过一丝孤独，让人有些心疼。

晚上，杨杰妈妈打来电话。为我在平台上发的一句话"孩子这星期很累，家长要多费心照顾。"特别表示感谢。我心里有些感慨和惶恐。这只不过是一句简单的关心。她说只有老师心中有爱，才会如此关怀孩子。同时也聊起了杨杰。他是一个聪明认真、做事负责并且有思想的孩子。可杨杰却丢失了儿童时代最宝贵的东西——他的同伴。在学校，他很善于和老师沟通，下课就到讲台边聊一些他的稀奇古怪的事儿，或者是家庭琐事。爸爸出国了，姥姥受伤了，等等。可从来却看不见他和同伴玩耍的影子。他已经成了我们班所有孩子的榜样，孩子们和他有了些许的距离。可最主要的原因应该是他自己。他的知识面广，认识问题有深度，然而如何与同伴交流沟通，正是他现阶段的障碍，也致使他越来越想缩到自己的小壳中，拒绝和其他同学交流。

杨杰妈妈说，这也和她有很大的关系。从小到大，所有事都亲力亲为，舍不得放手。杨杰本来去年就该上学的，可一打听到上学的孩子多，就拖到了今年。可偏不凑巧的是，今年比去年的孩子还多，让她特别后悔。妈妈的行为处事是会影响孩子的。杨杰妈妈事事不放心，天天忧心忡忡，生怕孩子在学校摔跤受伤。

通过交谈我才得知原来是妈妈教育的封闭让孩子不敢去和同伴玩耍。因为在和别人的交往中，往往会出现不安全的因素，但是这些因素对孩子来说是成长中必须要经历的。而杨杰妈妈对这些因素太过重视，总是想把孩子放在安全柜中。久而久之，孩子就失去了和同伴玩乐的兴趣，只沉浸在自己的书和电脑中，遨游在自己的世界里。

和杨杰妈妈推心置腹地谈论孩子的问题，以及她的教育模式可能对孩子长大后的影响。杨杰妈妈接受建议，决定放手，让孩子拥有自己的天空，童年的欢乐。

慈爱的父母让孩子过于娇惯，而性情暴躁、缺乏爱心的父母也会影响孩子的天性，所以孩子只能在同伴那里才能找到自由的童年，有机会培养平等合作的能力。孩子需要同伴，没有同龄人的相互游戏就会变得孤独，没有其他孩子的陪伴合作，也会变得焦躁不安。所以，要让孩子身心健康发展，父母付出再多的努力，也不能弥补在一所学校里同伙伴玩耍得到的快乐。

老师，我拉裤子了

　　我一直在庆幸这届孩子上一年级有 3 个多月了，从没有在大小便上让我操心。

　　然而今天，第一节课刚一下，小鱼同学来到我的办公室，习惯性地用小脸蹭蹭我的脸，用小手拽着我的衣服，又做个鬼脸，我也顺势给她做了一个鬼脸。这些动作已经成为我们心照不宣的习惯性动作，要是以前，她早就蹦蹦跳跳地跑开了。可这次她久久不愿离开，悄悄地趴在我的耳朵上小声告诉我："老师，我拉裤子啦！""啊！"出于老师的本能，我赶紧拉起小鱼的手走出教室，并告诉她："孩子，别着急，老师给你爸爸打个电话……"孩子感动地点点头。这时候，调皮鬼紫萌同学也跟着跑了出来，想看看到底发生了什么，我连忙把她支开。随后我先领小鱼来到厕所，一边给她擦洗，一边告诉她，这是我们俩的秘密，我们约定绝不和任何同学说，她又向我做了个努努嘴的动作，我俩会意一笑。

　　作为老师，要善于和孩子交朋友，走进孩子的心里，保护孩子的自尊心，促使学生全面健康的发展。

书签情结

　　暑假里，我到孔孟之乡曲阜旅游，顺便买了一些漂亮的书签，每个书签上面都写着励志名言，准备奖励给班里那些认真阅读的孩子。在开学第一天的班会课上，我表彰了一批假期里读书多、读书感悟深刻的同学，并用书签作为奖励。一石激起千层浪，得到书签奖励的同学读书更起劲了，一下课就坐在座位上安静地读书，没有得到奖励的同学也捧着书认真读起来，我抓住时机对他们进行表彰奖励。一时间，班里掀起了读书的热潮，孩子们热情高涨，甚至在上学和放学站路队的空闲时间也在阅读，读书成了我们班一道美丽的风景。相邻班级的班主任赵老师说："你用什么办法让孩子们爱上了阅读？"我笑着说："都是书签的功劳！"

　　教师节的早上，我刚走到教室门口，姚千智同学就手里拿着一个漂亮的书签向我走来，说："老师，我做了一个书签，送给您！这是我亲自做的，老师，谢谢您对我的教诲！"我看着手中的书签，好精致呀！长方形的黄色卡纸上竖排写着："一个好老师，胜过读万卷书！"书签另一头还有一把五彩线捆扎的坠子。手捧着这个书签，顿时心中涌过一股暖流，这是孩子精心制作的礼物，作为老师还有什么比得到学生的信任更幸福的呢？

　　我也为自己今天对没完成作业的学生发脾气感到不安与自责，孩子的本性都是善良的，他们深深地爱着自己的老师，没有完成作业也许是不会做，也许是遗漏了作业，也许……就像《孩子，你慢慢来》一书中写道的："我愿意等上一辈子时间，让他从从容容地把这个蝴蝶结扎好，用他五岁的手指……"深刻反思后，我决定以后再也不要斥责这群天使了。

耕耘文明

学校举行集体诵诗会。孩子们 6 点 50 就到了学校。

从 7 点到 8 点，整个校园诗意浓浓。古老的文明、文学的高贵在现代城市里交融，汇成了一曲绵软的秋之歌。

全班只有一个孩子迟到。6 点 50，平时还在睡梦中的孩子，由于集体的力量，纪律的效应，从温暖的小被窝中，走出小家，走进大家。雨不再像昨日那般肆虐，温柔地飘洒着，生怕惊扰了早起的孩子，为孩子们送来一个清新的早晨。

不忍心让孩子们在雨中打扫卫生，于是把值日的孩子们叫回教室。我扫起垃圾，拖着地板，听着孩子们或高亢或低沉的吟诵，心情明快起来。愉悦和抑郁都是自己制造的，跳出自己设置的圈子，就会看见一个充满光芒的世界。

一个小时的诵诗会，孩子们都有些疲惫了。于是，让孩子们在伴随着绵绵的秋语的心理催眠中休息了十分钟。"闭上眼睛，请在心里对自己说，我要休息一会儿，我就会有更旺盛的精力学习。"孩子们是极易被暗示的，很快就沉沉地睡去了。

84 个孩子睡态可掬，让人忍俊不禁。纯洁的脸上散发出无邪无瑕的光辉，教室也因此而变得圣洁。

中午忽然接到学校的紧急通知，因天气原因，下午学校不上课。在教育平台上发了信息。孩子们可以回家好好休息了。

文明是需要我们所有人，包括领导、老师、孩子共同耕耘的。人性的美丽无时不呈现在人文的关怀中。

　　孩子们的书包留在了教室里，就让孩子们享受一次没有重压的快乐童年吧。

回应

一张张考 C 和 D 的试卷发下去，孩子们竟然没有丝毫波澜。

孩子们的责任心到底去了哪里？他们对自己那块田地的荒芜竟然如此无动于衷。触目惊心的红红的错号，难道在他们的眼里是无与伦比的花朵？还是摇旗呐喊的旌旗？还是与之游戏玩耍的人物形象？他们小小的内心世界到底怎样看待错误呢？

静心想来，错的一个字，错的一道题，作文不会写，这在他漫长的生命历程中又如何呢？错的字终究会改正，错的题终究会正确，作文之后也一定会写，可我们大人的指责会怎样伤害一个孩子的心灵呢？

有老师说，我们班的孩子就是惩罚不够。这句话，我想了好久，或许是对的。打在身上的伤很快会愈合，可刻在心里的伤却一辈子都会留在心里。多少年后，都会在记忆深处时常作痛。

最重要的是，让孩子体会到学习的乐趣，不断地给他注入信心和勇气，他才有前进的动力。

和孩子们仔细分析了试卷，指出了各自错误的原因及以后努力的方向。

下午上了一下午的课，开会到 6 点。晚上吃过饭，在素质教育平台给家长发了信息。

有三个家长回了电话。

通过电话的交谈，让我陷入沉思。

她的孩子学习不好，一定会以为老师会因此看不起她的孩子，会给她的孩子无情的打击或斥责。养育了孩子的妈妈已经给社会注入了新鲜的血液，完成了生命的繁衍，让一个个鲜活的生命蓬勃地生存于社会，这就够了，怎么会有人责怪妈妈们呢？

我们社会、学校、老师所做的一切，都是想让这鲜活的生命更灿烂、更完美、更强壮。所以，家长、我们和孩子是一体的，永远不能对立存在。

我相信，我们只要彼此坚持，彼此温暖，彼此支持和理解，爱的力量一定能战胜一切。

"老师，我会想你的"

今天和往常一样寒冷。但是今天孩子们的精神却非常好，因为今天期末考试结束后，他们就可以放寒假了。

考完试，我也感觉轻松了许多，这个学期的工作也即将圆满结束，我和孩子们一样，有种放松的感觉，心情大好。

我所带的班级现在是二年级，这是我工作 10 年来第一次从一年级开始带班，也因此付出了更多的时间与心血。班里 38 个孩子的学习情况我用心了解，以方便平时针对不同孩子的情况采取相应的教育对策。经过了一年的努力，我们班学生的学习态度和学习氛围都非常好，每天中午我看着他们吃饭、午休，很多时候真的感觉自己像妈妈一样。看着每个孩子在健康的环境里渐渐长大了，变得懂事，我是累并快乐着，内心荡漾着幸福，感觉到作为班主任的快乐。这个学期，我和孩子们不仅经受住了冬天严寒的考验，每天都在认真的学习，同时也享受到了几场大雪之后和孩子们自由地在操场上嬉戏打雪仗的快乐。

来到教室，我准备传达学校关于这两天的安排。看到孩子们的欢呼雀跃，我没有阻止。他们叽叽喳喳地说这说那，可能是在谈论考试，也可能是在聊假期安排，或者聊他们之间的小秘密。突然，班里年龄最小的一个女孩朱安然伸着手臂跑向我，让我抱抱她，我给了她一个大大的拥抱。那种感觉，就好像女儿在妈妈怀里撒娇一样，真诚而不拘谨。她应该也是在一种很放松的状况下做出的一个感情表达吧，我这样想着。过了一会儿，一个平时很内秀，说话慢吞吞的男孩子走过来，突然趴在我耳边小声对我说："老师，我会想你的。"我先是一愣，这个孩子他生活在一个单亲家庭里，跟着妈妈和姥姥生活。他平时不善言谈，但是一个非常有爱心的孩子。刚入学的时候，我踩着凳子擦玻璃，他总是用他的小手扶着凳子，说是怕我摔着。因为他平时见不到爸爸，为了让他能在性格上外向，我选他给我班的男老师当课代表，后来工作干得很起劲，学习成绩也越来越好。

　　顿时，我心中所有的疲惫全部消失了，取而代之的是满满的幸福。一句简单的"老师，我会想你的"，表达了小男孩放假前对我最深刻的思念。听完，我顺势把他揽过来，像妈妈一样，在他的额头上亲了一下，说"我也会想你的"。

童年的河流

第一节是数学课，和学生整理好教室，就回到了办公室，刚读了几页《追风筝的人》。班长一哲就带着贞贞来办公室了，"老师，她没带数学作业，数学老师让她妈妈回电话。"于是我问贞贞为什么不带作业，她低声说忘了。

每一个不带作业的孩子都会如此回答，并且表情极为平静。一点责备自己的语气都没有，倒好像是老师大惊小怪了。这孩子看起来文静，实则上课小动作不断，她上课最着迷的是撕小纸条，一小片一小片的，不知撕来何用，完全沉浸在慢慢流淌的童年的河流里，平静缓慢但又不可阻挡。

时间对她来说没有那么重要，她对时间的感知也与其他人不一样。她在自己美妙的独木舟上独自欢快地撑篙，完全忘记了老师和同学。

斥责是没有用的，唯一能做的是轻轻走到她身旁，给她一个拥抱，也给了她一根篙，撑回到全班同学坐的船上来。孩子的世界与我们的世界是大不相同的，我们也完全可以去孩子的船上，用儿童的眼光去感知他们的世界，体会他们的心灵，这样才能真正走进他们的内心，引领他们一起撑船，到达知识的彼岸。

我们每个人都在独自撑船，驶向自己的彼岸。作为成年人会为许多事着迷，或是被诱惑，但我们有自制力，当我们意识到错误时，会主动控制好自己；而孩子没有自控能力，在她遇到令自己着迷的事时，哪怕是一朵小花，或是偶尔投进来的一束阳光，又或是一支很短很小的彩色粉笔，都会占据她的全身心。她此时耳目闭塞、专心致志，又怎会听见老师所讲的东西，甚至流逝的时间也让她感觉不复存在。给她再多"明日复明日，我生成蹉跎"的古训，她都会置若罔闻，沉浸在她童年的河流里怡然自得。

我没有责备她，轻轻告诉她我知道了，你回去上课吧。给贞贞妈妈打了电话，了解情况才知道，原来她家的房子要拆迁，妈妈没顾上看作业，只问了一句，她说写完了就没有检查。家里一片混乱，无人约束她，一直沉浸在自己河流里的人，怎么还会想起家庭作业呢。

唯一能让孩子不在童年的河流里随波逐流的方法，就是家长和老师不断地给她制造时机，让她产生兴趣，并且在做事的同时，还能发展自己丰富的情感，她需要有意义的帮助。

面对不可抵挡的童年河流，还是让我们共同撑篙渡向彼岸。

不一样的生日

"老师，明天是六一儿童节，正好是高合亭的生日，合亭在学校过生日可以吗？"我正犹豫着如何答复，合亭妈妈又发来一条短信："我老家是兰陵县的，为了让合亭上更好的学校，我们来兰山租房住，在这儿也没有亲人，只有我们娘俩，老师，你给我们一次机会吧……"

高合亭是个学习比较吃力，不够阳光自信的孩子，课堂回答问题时眼光不敢和老师碰撞，总是躲躲闪闪，小手也不敢高高举起，但是非常想得到老师的认可，经常穿一件白色的体恤，上面写着"听老师的话"五个特别醒目的字。通过家访我了解到他的妈妈为了母子俩的生活，平时在外面做清洁工，文化程度又低，无暇顾及孩子的学习，我也想借助合亭的生日，搞好家校共育，激起孩子学习的干劲，我说："好吧！"中午12点，合亭妈妈把一个超级大的方形蛋糕送进教室，上面写着："祝一·五班全体同学节日快乐！老师您辛苦了！"2点整，庆祝六一儿童节活动正式开始了，同学们一起围在大蛋糕旁边，给高合亭唱起生日快乐歌，他们一起许愿，一起吹蜡烛，一起分享蛋糕，别提有多开心了。合亭发表感言的时候眼圈通红，"谢谢老师，谢谢伙伴们，我今年的生日过得太开心了！老师，今后我要好好学习！"我把孩子活动的照片转发到班级微信群里，家长们都纷纷送来祝福和感谢，高合亭的妈妈更是感动不已，留言道："这个生日太有意义了！这是孩子步入小学的第一个生日，又赶上六一儿童节，真是太令人难忘了……"

从这以后，高合亭在课堂上变得主动起来，开始积极回答问题了，作业也写得工工整整，连续几天都是第一个完成作业的人，他还主动帮其他同学做值日，以前走路队总是无精打采，现在那神气劲儿俨然像个小军人的架势，我抓住他的闪光点不断地鼓励他。

走进孩子的心灵深处，满足孩子合理的要求，让孩子真正感受到老师、家长、伙伴们对自己的期望、包容和关爱。的确，我们的鼓励、信任、温暖的话、关爱的举动，常常可以让孩子重拾自信，找回自我。

超越：

家校同行　成长与共

生命的承担

课文《三个儿子》的内容很简单，怎样让孩子真正理解课文的意图，明白其中蕴含的道理，触及孩子的心灵，是本节课的目的。

于是，在黑板上写下了"儿子"一词。

小虎说："老师，我很不明白，你为什么要写下这个词，是想告诉我们什么是儿子吗？"

煊程诧异地说："我也觉得很奇怪，我就是儿子啊！这有什么不明白的。"

浩宇说："我不明白老师你写的儿子是外国的还是中国的。"这孩子最近兴趣转移，回归学习之路。

志顺忽然冒出一句："生儿子是要罚钱的。"这一定是他在妈妈的市场里听来的，那可是个说话随意，人声鼎沸，没有人会顾及孩子心理的地方。

周杰说，"老师，你是不是想告诉我们什么是真正的儿子？"

一语炸开，孩子们纷纷举手，颜旭高高地举起两只手。

默读课文后开始讨论。

"为什么老爷爷只看见一个儿子？"

王有豪说："那两个孩子太想炫耀自己了，只想着表演。没看见妈妈手里的水桶。"

小虎说："那个既聪明又有劲的孩子，力气用错了地方，太贪玩了。"

颜旭再次两只手同时高举，说："第三个孩子没有什么本事，却帮妈妈提水桶，他很孝顺。"

课堂的话题逐渐步入正轨，孩子们已经找到了答案。

忽然，有个小小的声音说："三个妈妈为什么看那两个孩子都着迷了？"是啊，她们手里提着桶，腰酸、胳膊疼、走走停停，为什么会为那两个孩子的表演着迷呢？

她们是母亲，任何一个母亲爱儿子的心都是一样的，因为生下孩子，就有了对生命的承担。

胳膊疼了、腰酸了、背驼了，爱孩子的那颗心却永远不知疲倦，甚至可以用生命来交换。

走在回家的路上。

红艳艳的樱桃一颗颗晶莹剔透，静静地躺在老妇人的篮子里。青筋暴露的、粗糙的、布满了老年斑的手在篮子上面等待着喜欢吃樱桃的人。树皮似的手裂开着，越发显得樱桃鲜艳。脸怯怯的，没有愁苦，只有疲惫和苍老。这个年纪的老人本该颐养天年了，不知道挎着这一篮子樱桃走了多久。旁边还有一位环保处的大妈，正把人们肆意乱抛的小纸片、香蕉皮一点点地捡起，丢到她的垃圾袋里。

她们有没有孩子，不能也不想去问。她们在这个年龄还在奔波，为儿子还是为自己？我想，两者都有吧。她们的生命又由谁来承担呢？

若若的问题

收的保险费随手就放在了讲台上，如同放在了保险箱里，从来没有想过有谁会拿这些钱。

可下午放学后，偏偏有孩子来给我钱，"若若给了我 20 块钱。"看看钱上写着李明扬的名字，才知道真的有孩子动了这些钱，数了数，少了80 元。

若若平时有拿别人铅笔橡皮的小毛病，可拿钱就有些胆大包天了。给若若妈妈打了电话，让她看看孩子书包里是否有钱，再问一问孩子是怎么回事。说心里话，我最怕断案了，如果妈妈问不出，我也只能到此为止。

若若妈妈带着若若来到了学校，孩子哭得一塌糊涂，就是不承认。妈妈也说孩子不会这样做。于是我劝妈妈回家不要再责问孩子，明天我会再问问其他孩子。

看着娘俩的背影，心里酸酸的，不管孩子做没做，这都在母女心底留下了阴影。我是不是不该打这个电话？可要是不打，如果是若若拿的，沿着这条路走下去，那可就是深渊啊。

晚上，若若妈妈再打电话，在各种方法下若若还是不承认，我让她别逼孩子，等明天再说。

若若妈妈再次打来电话，钱就是若若拿的，可她分给了几个平日欺负她的小朋友。

家长的话语里充满了自责和歉意，这是一个负责任的妈妈，是一个好妈妈。有这样的家长，孩子一定会在这颗正直淳朴的心的呵护下健康成长。

孩子，我们慢慢来

亲爱的儿子：

上次给你写信是在两个月前，你的开学典礼上。那封信，你珍藏在自己的抽屉里，无人时经常翻看，我想你是喜欢这种交流方式的。

我还记得我给你写的第一封信，是在你上次回老家，开车之前，我让奶奶转交给你的，那时你还小，在读中班，奶奶说你看完之后，一路沉默，并拒绝看第二遍，我想是因为你读懂了信中离别的伤感。

我还记得我给你写上封信时的心情，很认真很忐忑很犹豫，反复在心中打了好几遍腹稿，比写高考作文时都紧张，因为我不知道该以一种什么样的心情来面对这一时刻。从你进入学校的那一天起，你就真正进入了成长，该用一种新的标准来要求你和我，而妈妈好像还没做好这个准备。

但是，不急，孩子，我们慢慢来。

第一次，你回来诉苦，说你前桌的小朋友如何对你有限的座位空间展开掠夺，你很苦恼。当时妈妈给你讲了六尺巷的故事，告诉你张英流传下来的那首诗，"千里修书只为墙，让他三尺又何妨。万里长城今犹在，不见当年秦始皇"。你很兴奋，两遍就背下了这首诗，并且明确表示这将是你在反击"侵略"战中的制胜法宝。我很担忧，果然后来你告诉我，你讲给这个小朋友听，他不仅没有收敛，反而打了你一巴掌。

其实，孩子，妈妈从来没有指望一首诗就能终止你跟他之间的拉锯战。事实上，我想告诉你的是，人这一辈子实在太短暂，值得体会的乐趣实在太多太多。你的心胸不是用来装这些无聊琐碎小事，让自己烦恼，让生活无趣。我不想让你以牙还牙，以眼还眼，是因为我知道那样的结果只会让你也变成一个斤斤计较、睚眦必报的人，久而久之变成一个格局很小的人。真正的解脱是对这种侵扰的无视，是内心上不受干扰。

现在，你还小，不能明白，一个人真正的强大是内心的强大，而不是他的牙多么尖锐，他的拳头多么有力。

但是，孩子，我们慢慢来。

我愿意和你用最亲近的语言，在夜晚的小路上，在入睡的阅读前，一点点解开你的疑惑、你的烦恼，让你慢慢接受，生活不是童话。不管是大人还是小孩的世界都有不公平，有委屈，有坚不可摧的友谊，也有不可理喻的敌意。你要做的不是要争那一点点方寸间的输赢，人应有内心上的坚韧、自信。

有我陪着你一点点长大。

而我得到了和你一样纯真的、宛若再生的成长。

做子女最好的榜样

毕业许久了，可每次同学聚会，讨论最多的话题还是那句老话："把希望寄托在下一代"！然而这么简单的一句话又有几人能真正体会到话语背后的艰辛。曾几何时，同样也幻想着孩子能出人头地，不仅仅是让孩子赢在起跑线上，而是要陪伴着孩子一步一步、脚踏实地走出一条灿烂而光辉的人生道路。作为孩子父亲的我，也为这个目标努力过、奋斗过、付出过！每当看到孩子哪怕一丁点的进步，都会让我感触颇深，甚至于有时候感动得热泪盈眶。

同样，也是在这个时候，我也才能深深体会到家庭教育对于一个孩子来说是何等的重要。

有人说，教育孩子就是一场马拉松比赛，老师是领跑，家长是助跑。的确，家庭教育更多的是让一个父（母）亲去承担对孩子的一份责任！

孩子的童年只有一次，但成长却不能重来。

要说对孩子的家庭教育，我一直以来也是摸着石头过河，用隔行如隔山来形容也不为过，只会现学现卖。那我就把日常生活的衣食起居中汇集的点点小经验，同大家一起来分享，姑且就把这点微不足道的小经验，冠冕堂皇地称之为"心得"吧！

首先，父母应该做子女最好的榜样。

说起来，我们家庭的生活算是比较有规律的，几乎每天都是五点四十分左右起床，起床后的第一件事，就是带着孩子跳绳，其间孩子也学会了玩呼啦圈，我们日复一日地把在这狭小空间的这份快乐作为我们全家的健身运动，不论时间有多紧，我一直在陪孩子坚持着，和孩子一起分享这份快乐。

当我明白言传身教的真正含义时，我就下了决心："陪孩子一起成长"！我先从小事着手：早晚洗脸刷牙、睡前洗脚、饭后清理自己跟前掉落的剩饭、洗刷自己的碗筷、起床后叠被子、玩完的东西放回原处等。一年多过去了，回过头来再看孩子时，这里已然形成了一道美丽的风景线，也正是这种固定模式，换回我内心最大的心愿："孩子在成长，不知不觉中我们也得到了应有的回报"。

其次，着重培养孩子良好的学习和生活习惯。

先说读书，我从孩子感兴趣的书籍开始，先把孩子的兴趣培养出来。从开始的念书给孩子听，到后来和孩子一起看书，直到今天孩子自己去享受读书的快乐。每天晚上做完家庭作业以后，孩子都会顺手拿起自己喜欢的书津津有味地读起来，每次读到高兴处，都会情不自禁地笑得前仰后合，还时不时地讲出来与我们一起分享。这个时候，我都会让孩子要特别留意好的句子和词语。

听了著名青少年教育专家李红老师的讲座后，我也给孩子买来了《大学·中庸》《道德经》《孟子》《论语》等，我相信，这些书籍会是孩子一生中最宝贵的财富，孩子读完也一定会受益匪浅。

再说书写，我一直教育孩子，把老师每天布置的作业都要当作一次考试，每次拿起笔来都当作是在练字。冬去春来，不知从哪天开始，突然发现孩子的书写有了很大的进步，我坚信，继续坚持下去，孩子的书写一定能提高。

孩子放学回家后的第一件事就是完成老师布置的作业并检查，家长签字，然后孩子会自觉地拿起书本复习、温习、预习。每天30道的口算题慢慢转换成加减混合，这时候，我鼓励孩子用演草本，还别说，这简单的演草本把孩子的错题比率降低了20%，分数提高了，孩子自然乐此不疲。

我有个写日记的习惯，也许是受我的熏陶吧，有一天，孩子突然跟我说："爸爸，从今天开始，我也要写日记。"我乘机动员他："日记就是一天一记，能坚持住吗？""能！"孩子的回答斩钉截铁。于是，孩子从起初的三言两语到自己诉说心情，虽然暂时书写的内容还比较空洞、乏味，但我相信在不久的将来，一篇优秀的文章一定会突然出现在我的面前。

孩子喜欢篮球，隔三岔五我就会带着他去打会儿篮球，开始我还担心打球会不会影响学习。后来，我渐渐发现，每次打球后，孩子做作业的专注力和正确率出奇的高，速度也比平时有所提高，直到现在我还没想明白是怎么回事，但这的确不失为提高孩子注意力的一种好方法。

最后，让孩子感受到被爱和懂得去爱别人，懂得感恩。记得一天晚上，孩子坐桌前对着试卷发愁，看得出这次没考好，就在我问他怎么了？他哇的一声哭了，我抚摸着他的头说："没事，这次没考好，咱们一起分析分析原因，下次把分数找回来就可以了。"就这么一个抚摸，孩子破涕为笑，我们一起找出了原因并改正了错误。

诚然，对孩子的爱，有时仅就一个眼神、一句话语、一个抚摸、一个拥抱同样能给予孩子无穷的力量。

当我告诉孩子在外面不能随手乱扔垃圾的时候，孩子突发奇想地对我说："老爸，清洁工阿姨每天那么累，咱们去帮阿姨捡垃圾吧。"我表扬了他："这个城市有了她们，整个城市的环境才这么干净、整洁，应该帮她们。"于是在一个下午，我们每人捡了一袋的垃圾。回到家，孩子虽然说脚累，但他还是自言自语地说："真是件愉快的事，下个礼拜还去捡垃圾。"

伴随孩子一起成长，即使累也快乐。及时和老师沟通，把孩子当作自己真正的朋友，一步一个脚印，踏踏实实地走下去，家长的每一份付出，相信都会得到无限的回报。到那个时候，"望子成龙，望女成凤"将不再是一句空谈，而是实实在在的现实！

我的"三个笨点子"

孩子目前为止班级活动样样不落下，荣誉证书一大摞，学习成绩更是让人打心眼里满意。话说回来，在家里就做一会儿作业，其余一天到晚地泡在学校里，花开得好，那都是园丁在辛勤抚育啊，这功劳得记在老师身上！论教育经验，实在是谈不上，我就把我琢磨出的三个笨点子向大家汇报一下吧。

首先就是积分奖励。"棍棒底下出成绩"这套老观念是行不通了，得科学育儿，文明教学啊。模仿着学校里的小红花榜，我们就想出了积分奖惩制的办法。遵守父母制定的规则，就可以挣积分，要是有做得不对的地方，那可要扣掉积分的。积分可是好东西，它可以兑换成工资，买喜爱的玩具啊，图书啊，生日礼物啊。积分制从新生入学第一天开始实行，把平日里的生活习惯比如按时完成作业，早睡早起，自己起床穿衣，按时到校等等，细化成若干小项。完成的加分，完不成的扣分，一天一记录，一月一结算，没用半年，效果渐渐显现出来了。孩子很在意自己的积分成就，很自律一般不会犯什么错误。而且，当他用积分买了心爱的星钻积木时，那灿烂的笑脸透着自豪。

其次是写日记。本意是想培养语言能力的，歪打正着，孩子养成了坚持的好习惯。二年级的时候，孩子会写会认的字慢慢多了起来。大人就去买来很精美的日记本，每一页都带彩页插画和日期，这样别致的本子，别说孩子了，大人都爱不释手，总想写点什么，我们就鼓励孩子在日记本写上当天发生的有趣的事。直接安排他写日记，那是不可能的，玩心大着呢。要不怎么说姜还是老的辣呢，孩子放学回家后大人就套话，今天学校里有开心事吗？他绘声绘色地讲着，我们帮他记下来，慢慢地，他就参与进来了，后来他会忍不住想露一手自己写下来，我们就顺势夸奖他："哇！你写的生动极了！而且，你的字真好看呢"！把孩子引到角色里，大人就渐渐地淡出了。现在，他已经习惯于睡前写一篇日记了。我们要求不高：一句话也算，不想写的时候画一幅画也算，能坚持就是胜利。看他的日记，很有意思，完全不按正规路子走，童言童趣，天马行空地各种能想象出的话都往本子上记。

再一个，就是背诵古诗了。这里特别感谢杨老师，真是一位好老师，太有心了，早早地就让孩子背诵古诗词培养其文学修养。习近平主席曾说过："应该把这些经典嵌在学生脑子里，成为中华民族文化的基因"。由此可以看出国家领导人对古典诗词、传统文化的高度重视。二年级下学期开始后，我们给他额外加了个"小吃"：每个星期背诵古诗两首，结合着季节的景色，比如刚开春时"泥融飞燕子，沙暖睡鸳鸯"，去看桃花"桃花山下桃花庵，桃花庵里桃花仙"，春天过完了"人间四月芳菲尽，山寺桃花始盛开"。夏天的时候"接天莲叶无穷碧，映日荷花别样红"，孩子看着景色，"品尝"古诗，感悟于心。暑假去蒙山度假的时候，泉水从山上奔流而下，明晃晃的月亮挂在树梢，很美的山间景色。我们引导着孩子说：瞧，这么美的景色，古人用"明月松间照，清泉石上流"短短10个字就高度概括了，厉害吧？孩子大喊：太了不起了！

每个家庭都有适合的教育方法，每个孩子都有独特的个性，教育是一门艺术，把孩子培养成全面发展的有用之人任重道远。

陪陪孩子读读书

孩子不爱读书一直是让我头疼的事情。

"今天晚上的作业就是把今天学的课文读熟练并读给家长听。背诵一首古诗。"我觉得这样的作业很容易完成，在我的想象中，孩子们在家里认真地读书，家长用心地听着，再正常不过了。

第二天语文课，我检查孩子们的读书情况，除了几个语文能力较好的孩子外，大部分学生的读书都令我失望。我觉得，语文不外乎多读多写，如果读都读不好，那么孩子的语感能力怎么培养呢！问孩子，在家里根本不读书，有的读了，只是敷衍而已。

读书的习惯需要培养，但是习惯的培养需要一定的强制与坚持。在家里，父母的陪读很重要，《朗读手册》中有个 SSR 读书计划，其中提到孩子读书需要家长的陪读，孩子就是孩子，不可能有很强的自制能力，这就需要家长必要的陪读。我觉得陪读并不是一种强制，在孩子的心理上，家长的陪读能给孩子一个心理的安慰，让孩子觉得自己读书有一个忠实的听众，孩子读起来就不会寂寞。如果家长在予以必要的指导，那么孩子读书就不是那么痛苦的事情，而是很幸福的事情。可是，现实情况并不是这样，好多家长根本就不喜欢读书，他们很忙，回家后根本没有心思去读书，更别谈指导孩子读书了，一个连书都不愿意摸一摸的家长怎么能指导孩子读书呢！

有的家长说：孩子就听老师的，别人的话都不听。我认为这是不对的。父母是孩子的第一任老师，是孩子最信任的人，孩子怎么会不听呢？

这种回答认为教育孩子都是老师的事情，家长不起作用，于是，老师付出了很多很多，教育效果却不理想。教育是家庭、学校和社会三位一体的，只关注学校教育是不健全的教育。

我们不可能都是教育家，作为家长，能坐下来陪陪孩子读读书就可以了，这是最简单的也是最有效的教育。一篇课文怎样就算读好了呢？合上课本，课文的内容就像放电影一样清晰地在眼前浮现，我们能想象到每一个细节，并能受到文章的熏染，从中学习一定的遣词造句知识，我觉得文章就算读熟了。如果说遍数，三两遍是不行的，古人说"书读百遍，其义自见"，就是告诉我们要多读，当然，能科学地指导孩子读书更好。

当孩子把书读得很流利的时候，当孩子享受读书快乐的时候，我们的语文教学就会变得很轻松，我们的语文课堂教学就会变得很幸福。

陪陪孩子读读书吧！

"亲子共读" 构建 "书香家庭"

苏联教育家苏霍姆林斯基说："让孩子变聪明的办法不是补课，不是增加作业量，而是阅读，阅读，再阅读"。孩子在幼小的时候，我就非常注重培养阅读习惯的培养，从精彩的绘本，朗朗上口的童谣儿歌，有趣的童话，到少儿科普读物，只要家里能摆放图书的地方，都能看到适合她看的书，就连蹲厕所的时候也可以随时拿到一本书看，他有时读书太入迷，连叫几声叫她都没有听见。

孩子上学以后我了解到，小学语文新课程标准对课外阅读量和背诵量做了明确的具体的规定：课外阅读六年制不少于 150 万字；背诵优秀诗文不少于 150 篇（含文）。可见阅读是孩子学习中最重要的内容，于是我更加关注孩子的阅读习惯。

虽然平时工作很忙，但我仍然坚持每天抽 20 分钟陪孩子一起读书，远离电视和网游，共享读书快乐。忙碌了一天之后，在睡觉前半小时与孩子一起读书，书的内容只要是积极向上，孩子喜欢的就可以。边读边议，边读边让孩子猜一猜接下来可能出现的情节或结果，这样可以让孩子在阅读中充分发挥自己的丰富想象力和独特的创造力。

读完书以后，最好一起交流交流这本书，例如说"这本书里有哪些人物，你最喜欢的主人公是谁"？通过一起聊书，不但可以帮助孩子去找回自己在读书过程中没有注意的内容，而且对于大家都喜欢的主人公，在交流的时候孩子都会特别开心。这不仅能提高孩子读书的兴趣，还能增进孩子和家长的感情。

　　为了鼓励孩子读书，我学习尹建莉老师的做法，专门给孩子建了一个
"记功本"。每次读完一本书就在记功本上写下书的名字，盖上章"爱读书
的好孩子"。短短一学期下来就写了好几页了，满满的都是收获。人们经
常说，"数子千过，莫如夸子一长"，好孩子都是夸出来的，我们随时捕捉
孩子身上的闪光点并及时给予鼓励表扬点赞，效果将大大超过没完没了的
批评与呵斥。

　　在培养孩子养成良好阅读习惯的过程中，家长起着重要的作用。良好
阅读习惯的养成是一个长期坚持的结果，关系到孩子将来的学习能走多
远。我们是在与孩子平时的共读中，慢慢地引起孩子的阅读兴趣的，在家
庭中共建阅读的氛围，寻找读书的快乐。家长和孩子共读一本书！为了培
养孩子的阅读兴趣、为了让孩子更加成长得更优秀，我们一定要继续坚持
"亲子共读"。响应学校提倡的构建"书香校园"的要求，希望每一个家庭
的读书热情被点燃，共同构建"书香家庭"！

和孩子一起成长

儿子看到我的题目后疑惑不解，问我：为什么要起这个题目？我解释说：因为你们的出生，我们开始担当起"父母"的角色，但为人父母并不是一件简单的事，没有人是天生的好父母，我感觉当自己有了孩子后，必须与孩子一起学习、成长，才能成为合格的父母。儿子点点头，说：有道理。既然孩子也赞同，我就说说我在成长过程中一些感受吧。

一、照镜子

从孩子出生那天起，他便像一面小镜子，时刻照出父母的模样，托尔斯泰有句名言："全部教育，或者说千分之九百九十九的教育都归结到榜样上，归结到父母自己生活的端正和完善上"。

孩子是家长的影子，如果家长勤劳，孩子就会勤快；如果家长热情，孩子就会大方；如果家长主动，孩子就会积极；如果家长礼貌，孩子就懂得讲文明懂礼仪。反过来，如果家长贪吃，孩子就会懒做；如果家长骄横，孩子就会跋扈；如果家长不懂勤俭节约，孩子就会铺张浪费；如果你虎头蛇尾，孩子就不会善始善终……

一个孩子在学校打架，老师找家长说："您的孩子有打架骂人的坏习惯，您可得好好教育教育他。"家长当着老师的面，脏话连篇地教训了孩子一顿，最后还给了孩子一个耳光。这时候，老师不仅不再生孩子的气，反而有点同情他，生活在这样一个家庭环境中，父母自己都常常讲脏话，常常体罚孩子，孩子怎么能不被影响呢？

孩子的头脑简单得就像一张白纸，家长的一举一动都会反映在孩子的身上，因此孩子就像一面小镜子，他的举动照出的无疑是父母的形象。教育学家苏霍姆林斯基说："每个瞬间，你看到孩子，也就看到了自己；你教育孩子，也就是教育自己，并检查自己的人格。"

二、正衣冠

《论语·子路》中，孔子说："其身正，不令而行；其身不正，虽令不从"。这是说：当管理者自身端正，做出表率时，不用下命令，被管理者也就会跟着行动起来；相反，如果管理者自身不端正，而要求被管理者端正，那么，纵然三令五申，被管理者也不会服从的。

同理，做父母的也是如此。如果想让孩子刻苦好学，首先家长自己要勤于学习，要给孩子创造良好的学习氛围。家长要做孩子的表率，你不让孩子看电视，你自己却在看电视；你不让孩子打游戏，你自己却在打游戏；你不让孩子玩手机，你自己却手机不离手，孩子怎么会听你的话，尊重你呢？

我家的电视机，没有接通有线电视，只有周末时才连接网线看一些孩子喜欢的娱乐节目。我们的手机中没有下载任何游戏，平时只是通过它浏览新闻，收发友人信息。我还请孩子监督我，在家尽量不看手机，多看书。这样，孩子也不再一味要求玩手机，而是去读书了。

三、一起成长，天天向上

在与孩子共同成长的过程中，为了了解孩子的心理，我学习了一些心理知识，没想到对自己的生活也有指导意义：为了能让孩子听进去我的话，读了一些关于说话艺术的书，觉得自己在生活中确实也要注意讲究和别人交流的方式、方法；督促孩子练字的同时，我也研究了如何能快速把字写好的原则……

以前一直不明白的、做不好的很多事情原来只是自己没有用心去思考、去研究，当学习了以后，有种顿悟的喜悦。再把自己的感受与孩子交流，既促进了自己和孩子的共同进步，又增进了与孩子之间的感情，真是一举多得啊！

　　就这样，孩子在长大，我们作为家长也和孩子一同成长着，共同收获着生活中的点滴进步和快乐。

生命的教育

　　每一个父母都是在期盼和喜悦中迎来了一个新生命的诞生，用他们所知道的、所拥有的一切去呵护、照顾这个生命，甚至于奉献自己的生命去捍卫这个新生命的成长和发展。我们的孩子就是在这样的环境和关爱中成长，同时也是在这样的环境和关爱中失去了很多本属于自己的那份快乐和需求。

　　"妈妈，你喂我吃饭，你帮我穿鞋，你给我端杯水，你给我画画"，这样的声音一遍又一遍在耳边呈现，孩子就是在我们的溺爱包围和控制中一次又一次地失去了对身边人、事物的感知和体验的机会，一次又一次地失去了走向独立成长的机会，从而变得退缩和懒惰。特别值得强调的是，父母对待孩子的傲慢和暴虐，他们把自己的意志强加给孩子，要求孩子必须绝对服从自己的命令，要求他们有好的表现、做事情成功、运动取得好成绩、考试成绩优秀等都是为了填补家长自己内心的空虚和缺憾。面对这样的状态，我们不仅要给孩子提供更多力所能及的事情去做，还要及时改变自己，给予孩子更多的肯定和认可。

　　记得在二年级时，敏儿的数学考了 c，回家后很难过，我笑着说："宝贝，祝贺你，你成长的机会到了！"她疑惑地看着我，我说："如果你每次都考满分，我也不知道怎么帮你，只有不足时，我们才能看到自己成长的空间，我也知道怎么帮助你。"她若有所悟地点点头。有时我在生活或工作中出现失误，她也会告诉我："爸爸，你成长的机会到了！"

　　教育是一个自然发展的过程，教育结果源自个体自发发展。教育通过听取话语不会完全获得成功，而要通过环境中的经历和体验而取得。每个新生命都在按照自己本能的需要而发展，我们只需要提供这样的环境和机会。在敏儿的教育过程中，我首先把感觉还给孩子，有感觉的孩子有智慧；其次是让敏儿自己学会选择，自己的选择自己担当，这是责任；最后就是遇到问题时，培养敏儿发现一个问题后思考用三种方法去解决问题的能力，这是灵活性信念，避免滑向偏激的想法和行为。比如到了冬天，敏儿会根据自己的冷暖感觉选择衣物的薄厚，知道冷了自然会主动穿棉衣，不需要我们过多的要求。

有一次敏儿从学校回家很沮丧地告诉我："今天太倒霉了，我们班最捣蛋并且学习很不好的一位同学分到了我们小组，他会把我们小组的整体分数拉下来！"我回应说："的确有挑战，你是不是有压力？（敏儿是小组长）"敏儿说："是的"，我反问道："你那位同学有什么优点？"敏儿想了想说："他胆子大，谁都不怕，他喜欢帮助别人打抱不平，他还喜欢别人夸他。"我平静地问："那你需要怎么帮他呢？"敏儿又想了想说："我给他多找一些事情做，然后让我们小组的同学都夸他，他胆子大就让他多举手回答问题，还可以给我们小组加分。"我笑着说："不错的想法，那你就按照你说的去做吧！"过了几天，敏儿高兴地告诉我："我们小组的那位同学给我们组挣了很多分！"我问她怎么做的，敏儿说："我让他盯纪律，很有效果。老师提问时，我们小组都不举手让他多举手回答问题，我还帮他讲题，测试成绩也有提升……"著名诗人纪伯伦说过："你们可以把你们的爱给了他们，却不能给予思想，因为他们有自己的思想。你们可以建造房舍荫庇他们的身体，但不是他们的心灵，因为他们的心灵栖息于明日之屋，即使在梦中你们也无缘造访……"

作为父母，要让孩子按照自己的节奏慢慢行走，给予孩子更多思考、行动的机会，不只是生命的早期，每一个时期，孩子都需要通过自己的努力掌握生活的能力。知识对于我们的生活是需要的，但不是我们所追求的，不要让孩子成为聪明的机器人，而是培养孩子成为一个有能力承担责任，自信、自爱、自尊的人，快乐对于儿童来讲是最重要的。

孩子，来，我们向善而行！

善，乃人性之本，也是我们中华民族的传统美德。凡善意都会传递温情，一桩善举会温暖人心。心善之人，必定修善为，行善举，所以家庭中父母的言传身教对孩子的向善教育至关重要，它会让孩子阳光健康地成长，也会因为正能量的传递让人际关系更和谐，还会让社会充满爱，让生活更美好！

我对孩子"向善"教育的行为实践始于一件至今仍让孩子记忆深刻的事情。

几年前初冬的一天晚饭后，我和女儿出门散步，迎面走来了一位风烛残年、瘦弱单薄、衣衫褴褛的老人。他挑着一担沉重的废品，向前走几十米便卸在路边，再返回去挑搁置路边的另一担。这些废品应该是他用来维持生活的唯一来源，因为一次挑不了太多，老人便用这种走走停停、往返多次的方法辛苦地把它们运走。女儿仰起稚嫩的小脸不解地问我："妈妈，这个爷爷一次又一次地来回跑多累啊！这些废品也卖不了多少钱呀，他为什么不去讨饭呢？"我认真地回答孩子说："妈妈以前经常见这位老人夜宿在路边建筑物的屋檐下，但我从未见过他向别人乞讨。他一直靠捡垃圾谋生，他是一个有尊严的人，更是一位值得尊敬的老人！"

我感动于老人不向艰辛低头的生活态度，更是珍惜这样一个可以对孩子言传身教，践行善良之举的机会。我牵起女儿的手走向路边的烧烤摊，为他烤了几串香喷喷的馒头。女儿天真地问："妈妈，你为什么不直接给这个爷爷钱呢？""孩子，金钱传达的是怜悯，爷爷的自食其力告诉人们他不需要同情，热热的烤馒头散发出的是陌生路人对他的关注和关心，会让他感觉到这个城市对他的接纳，会温暖他的心！"我的回答让年幼的女儿若有所思，她清澈的眼睛里闪动着晶莹美丽的光——一种善良的、爱的光芒，一种成长的、希望的光芒……

我们沿着老人前进的方向一路寻去，终于在马路边看到了他。女儿真诚地对老人说："爷爷，我和妈妈专门为您烤的热馒头，您吃了会很暖和的！"在孩子的一再坚持下老人才收下了烤馒头。老人自尊自立的生存之道，让我肃然起敬；为人父母的善良之心和善意之举也必定会让孩子幼小纯洁的心灵有所触动，并让她在生活中向善而行！

中华民族五千年文明传承下的崇德向善的价值观无影无形，可它无处不在地影响着我们，尤其是作为生而纯真的孩子们判断是非的能力；成为我们，尤其是需要在生活经历中成长起来的孩子们做人做事的行为准则。用一颗善良之心去关爱他人是一种美德；用一种向善之行去帮助他人，是一种快乐，更是一种幸福！

让我们随时随地教育、引领孩子们"从我做起，从小善做起"吧！让孩子们在播种善良的同时享受到真善美的回馈，让社会善德常在，让人间大爱长存！

不开心的小女孩

2019 年我被学校安排教一年级（5）班和（6）班。在 10 月的一天里，有个小女孩给我留下了深刻的印象。

她叫莲莲，一个留着齐耳短发的圆脸女孩，坐在教室最后一排靠近后门的地方。这是我新接手的班级，可能是因为同时教两个班，班里好多孩子我都记不住他们的名字，但是这个女孩的一句话，却深深地触动了我的心。

"老师，我每天都不开心！"课后，莲莲低着头，一张严肃的脸埋在短发里。

我惊奇，这孩子怎么这么说呢。

"你为什么不开心啊？"我弯腰凑近她的身边，想探个究竟。

"同学们都不跟我玩，他们又不听我的。"语气中带着些许委屈，一只脚在地上搓着，不愿抬头看我。

在班级里同学们不跟她玩我还能理解（据我观察，这个孩子确确实实有点调皮……），难道在家里也不开心吗？我继续追问。

莲莲告诉我，她的爸爸和妈妈都很凶，而且还经常吵架，在家里根本享受不到家的快乐，何谈开心。

家庭是孩子的第一所学校，父母是孩子的第一任老师，我们有责任和义务教育我们的孩子，父母只有抚养是远远不够的。

孩子给我留了爸爸妈妈的电话，不介意老师和家长交流。我拨通了孩子妈妈的电话，得知孩子在家里的一些情况：莲莲有个妹妹，自从有了妹妹，家长把大部分的爱都给了妹妹。于是，当姐姐的莲莲就有些失落，况且，妹妹小，听话，而莲莲总是和爸妈拌嘴而且学习又拖拉。在父母眼里，莲莲好像不乖，总是惹爸妈生气。这也印证了莲莲之前说的话。

通过与她的家长交流，我们达成了共识，在家他们尽量不吵她，多给予陪伴，孩子需要抚养、教育，更需要陪伴。

我个人认为陪孩子的过程也是教育的过程，在陪孩子的过程中，家长和孩子的心理距离会拉得很近，孩子也更愿意和家长交流。生活中，学习中的好多不愉快、小疙瘩也会在玩的过程中解决。

有人说陪伴是最好的教育，我真心地希望我们在陪孩子的过程中会有更多教育的新发现。

作为老师，我不想让我的学生在学校里不开心、不快乐，所以，我特别关注这个"不开心"的孩子。我选她当了数学组长，上课多给予提问，多鼓励，还教她如何与妈妈相处，要学会感恩父母、有爱就要大声说出来等等，每节课上完，我都要多看一眼这个孩子。莲莲也特别亲近我，一下课她就走上前来跟着我，给我说说话，有时借机就问她，"有没有不开心的事？今天学得怎么样？有难度吗？等等"，慢慢地发现这个孩子脸上有了微笑。

这只是一个良好的开端，在以后的日子里，我会尽量地多给予关注，不管遇到什么事情，只要是合理的、在我范围之内的我会全力以赴，力争成为她"学校里的妈妈"，走进她的内心深处，让她过一个快乐的童年。

以心育人，启阳花开

　　从事教育工作，不仅要面对朝夕相处的学生，还有学生们的家长，与他们的沟通交流是很重要的一项工作内容。从教二十六年，我最近面临了第一次被家长投诉的尴尬境遇，而这次经历，也促使着我去思考、更新教育的理念与方法。

　　刚刚开学一周多，各项工作千头万绪，开学的各种纷忙正在逐项展开。那时我正在上课，接到李校长的电话，让我到办公室一趟。彼时，我还在内心嘀咕，到底有什么事情惊扰到了校长？日常的班级管理当中，也没有什么大的差池。在推开了校长办公室门后，发现三位校长俨然都在，内心一惊，王校长开口问我："吴老师，你们班是有个叫甘强的学生吧"，我立马反应过来，看来是处理甘强欠钱的这件事情。

　　在昨天下午十一班（邻班）的三个学生来找到我，说我们班的甘强欠了他们三个人的钱，其中有一个学生说欠钱金额达到了 100 元以上，他们现在从甘强那里根本要不回钱。我听到这个事的第一反应是头疼，因为在上个学期就已经处理过多次甘强在校外的金钱纠纷了，这刚刚开学，金钱纠纷的事情就已经拓展到校内了。我与邻班的这几个学生核实情况，请他们将甘强赖账的事情再说一遍，我予以录视频保存。于是在当天下午放学后，我就将这几位学生报告甘强欠钱的视频发给了甘强的妈妈，发消息和她说明相关情况，请她配合老师对甘强教育，并进行还钱。然而晚上甘强妈妈给我打了个电话，一直说我冤枉他儿子了。他妈妈矢口否认甘强欠外班学生很多钱的事，直言是那几个外班的学生诬陷他，并且让我再去问那几个邻班学生是不是这回事。

我答应了甘强妈妈的要求，第二天一早是我的晨读课，我来到十一班把那几名学生叫来询问情况，然而这次他们的态度与昨天大有变化，眼神开始躲闪，说话也变得吞吞吐吐起来，并且互相在那里用眼神交流着说："老师，其实没有……""对……没有……"。我确实感到疑惑，根据我多年的班主任工作经验，他们昨天向我告状的神态是肯定的、真诚的，而今天反倒是犹豫的、躲避的，其中一定是有人在撒谎。但由于当时还在上课，我无法占用邻班学生更多的时间继续盘问，而告状者直接撤回了告状请求，又让我没有更多的证据去继续处理甘强欠钱的这件事，我暂时只能如实和甘强的妈妈发微信说了我一早询问那几个孩子的真实情况："他们又否认甘强欠钱了"。

但就是这样一个微信，让学生的妈妈觉得他的孩子受了委屈，于是就去投诉了我。从教二十六年兢兢业业，从来没有被投诉过，我已经做好了积极的安抚，并且积极地在处理，可是他的家长却还是给了我当头一棒。

这个甘强是家里最小的孩子，又是三个孩子当中唯一的男孩，可以说是集全家的宠爱于一身。他中午和下午是在校外托管，缺乏了父母的及时监督，在校外沾染上了很多的不良习气，其中包括好玩游戏、花钱大手大脚……在上个学期，他迷上了集卡片，据悉有一些不良商家为了挣钱，哄骗孩子说集到多少张不同的卡就可兑换几百块钱，这对花钱很多的甘强来讲是笔不容错过的零用钱，于是开始花高价钱去收集卡片。从家里带的钱不够，就开始到处借，不仅借本班的，还去借外班的，甚至借了不还。于是就发生了开头十一班的孩子向他要钱的一幕。对于这个事情，虽然邻班学生表示是他们之前对我说谎了，但我内心疑虑尚未消除。我后来又去十一班多找了几个学生和我们本班与甘强关系密切的学生打听，才知道就在十一班的这三个学生向我告状的那个下午放学后，甘强召集了几个朋友去要挟这三个人，说如果再说欠他钱，让他因此被家长揍，那一定会揍回来。还有，十一班的那几个孩子本身自己的钱也来路不明，不敢让家长知道，在我第二次问他们的时候时，他们自然也就不敢承认了。

　　了解了这次告状事件背后的故事，那时我已经被投诉了好几天了。内心很酸涩也很矛盾，从事实上我并没有冤枉孩子，从方式上我与甘强的母亲进行了积极的沟通，已经尽心解决了。但甘强的问题确实比我想象的还要严重，不仅仅是借钱不还，更加上了撒谎，甚至是以暴力方式威胁同学，这些行为都在表明这个学生现在德行有亏，品行不端，就像一颗长歪了的小树苗，继续下去只会更不端正，难以接受风雨考验。

　　但摆在我面前的问题同样也是棘手的，甘强已经12岁，很多坏习惯已经初步养成，普通教化是难以奏效，我本人还刚刚因为处理甘强的事情被他的家长投诉过，还未与家长在教育甘强上达成一致的理解。目前已临近毕业，马上这个学生就不归我这个班主任管理了，我是管还是不管？

　　思想动摇了没有太久，我还是决定："哪怕再难再辛苦，我也要继续教育甘强！不能让这个学生就这样混下去了。他虽然上六年级毕竟也还是个孩子，幼苗不在小时扶正，真的会毁了这个孩子的一生"。何况我们的王校长在开会时也讲"你对小狗小猫好，它都知道，何况是人！"这句话我牢牢地记在心里！虽然他的家长暂时听信了孩子的一面之词，但他们毕竟是学生父母，而我作为班主任，应当尽到我的责任。更何况我还是一名党员，绝不能忘记自己从事教育的初心就是以心育人，用爱呵护学生成长，尽管被他的母亲投诉被叫到了校长室一趟，但我还是想要摆正自己的心态，本着教书更要育人的目的，在临毕业之前拉他一把！

　　于是，我将这个事情和校长进行了汇报，并且跟校长表达了我想继续和他的家长沟通。李校长鼓励我一定要管，并且要如实地向家长交流这些事情，这也坚定了我一定要管这个学生的决心。他只要一天还是我的学生，我就有责任继续教导他！以善引导他，以爱感化他！不能撂挑子不管。

　　首先，在教育时机上，我选择在有甘强拿钱不还的确凿证据的时候与他谈话。当面向他展示他借钱的聊天记录，甘强面对铁证也只能低头认错，这样不让孩子存在侥幸的心理，也能更好地与其父母进行解释工作。

　　其次，在家校关系上，为了缓和和甘强家长的关系，我利用家访时机与甘强的妈妈当面沟通，直面问题，不逃避之前投诉的事情。我表示虽然她选择直接投诉我，但是我也没有怨恨，更没有迁怒于孩子。让她知道老师绝对不会放弃班里的任何一个孩子，尤其是学习吃力的和品德有问题的孩子，从而让家长理解老师是本着一种爱学生的公正心去做事，更容易得到家长的认可。家长的教育方式也很重要，我跟甘强的妈妈沟通对待孩子要恩威并重，严格管控孩子的零花钱，同时也不能在教育时只采用"打孩子"这一种方式，多陪伴、多鼓励、多观察。教育他不要在犯错后有侥幸心理，做人需诚实，用武力、谎言去掩盖事实，终究会被揭穿。以真诚对待孩子，对待他的家长，同样也能得到对方的尊重和认同。甘强的妈妈在沟通中对我道了歉，并且表示一定配合老师管理好孩子。

最后，我依然以积分为术，以《弟子规》为道，加强班级管理。对于甘强这种难管理、难教育的特殊孩子，可以予以特殊对待。我为他制定了专门的积分，比如一天不说谎话就记1分，在校外不买零食记1分，为班级同学做了一件好事记5分，学习进步、受到表扬一次记2分，通过读《弟子规》写学习笔记记1分，在家做家务、收拾房间、帮家长干活记5分……让他更容易以一件件小事尝到得分被表扬的滋味，从而在小事累积中改掉恶习，养成好习惯。

每个学生都渴望被看到！尤其是这些需要额外关注的学生，告诉他老师不会放弃他，学生也会受到鼓舞，从零开始，慢慢破冰，逐渐愿意听从老师的劝导。我们班的学生通过每天读《弟子规》，并且在班级群内分享阅读体会，以传统文化对孩子进行熏陶教育，从而让他们有一个正确的价值观。这条路道阻且长，孩子的品德问题也可能出现反复，但将一些传统文化内容通过润物无声的方式内化于心，间接修正学生们的不良行为，必然也能将他们培养成为一个从小就爱国、爱党、爱家、爱班级的好孩子。

百年大计，教育为本，孩子就是祖国的未来，是民族的希望。身为教师和班主任，关注每一位学生的心灵，以爱心育人，潜心教育，争取把每个孩子都培养成品学兼优的人，在班主任岗位这一亩三分地上辛勤工作，以身示范，相信必然能在教育事业上开出美丽的花朵，结出丰硕的果实。

总有一条路适合你

　　杨盛林在三岁的时候，爸爸妈妈因性格不合离婚了，从此杨盛林和姐姐、妈妈一起生活。由于妈妈身体不好，又没有正式工作，因此家庭经济收入微薄，一家人的生活比较艰难。

　　2021年暑假过后，杨盛林入学小学一年级，被编入我担任班主任的班级。开学报到的那天，迟迟不见杨盛林和他家长的踪影，最后临下班时杨盛林才在妈妈的陪同下来到班级报到。入学后，我注意观察班内每位孩子的性格和习惯，以便于更好地做好班主任管理工作。我很快发现杨盛林这个孩子很聪明，但是习惯比较差，就像一匹脱缰不受约束的小野马，活泼好动，时常违反学校纪律。我首先想到与其家长沟通，想多了解一下杨盛林家中的情况以及家庭对他的影响，家长对孩子的态度等，我了解到杨盛林家庭的特殊情况，原以为像这种单亲家庭，妈妈应该会更有意愿配合班主任教育管理好自己的孩子，结果却让我始料不及是杨盛林妈妈的态度，每次我和杨盛林妈妈沟通交流时，她总是抛出那句话"我管不了杨盛林，他现在根本不听我的话"，我感到了杨盛林妈妈的无奈，也意识到杨盛林的家庭教育的确是出现了问题，这一点又符合我开始的猜想。新年过后的这个春天注定极不平凡，新冠疫情就像恶魔一样也突然降临到我们这座城市。一天在校园内，孩子们正在排队做核酸检测，突然一个孩子大喊起来："老师，你看看杨盛林！"我赶紧回头一看，只见杨盛林已爬上一块巨大观光石的上面，正在手舞足蹈，如果稍不注意，就会有摔下来的危险。我的心一下子绷得紧紧的，又急又气，赶紧上前慢慢地也站到石头他的下方，把他扶了下来。这样的学生着实让我头疼不止一回了，每次都让我为他提心吊胆。秋季刚开学不久，新冠疫情有所加重，我们又要面临疫情的考验。为了保障孩子们的健康，按照上级和学校要求，孩子们每天都要进行校园通打卡，上报体温监测数据。开学前一周，我被学校安排去当教师考编面试的评委，需要外出一周，我把班级的事情安排给了我班家委会主任。五天后监考工作终于结束了，在坐车回家的路上，我翻阅手机信息，发现杨盛林妈妈在班级微信群里发了一通牢骚，冲着家委会主任大吼大叫，说话特别难听，原因就是我班的家委会主任提醒她，后台数据显示当天杨盛林的校园通打卡还未完成，对此，杨盛林的妈妈非但不承认未打卡，还指责我班的家委会主任多管闲事，总是跟她过不去。我意识到问题来了，想到之前还有几次杨盛林妈妈也是因为校园通打卡不及时，我与她通过话，她总是表现出不耐烦，对这项工作总感觉情绪上很抵触。我顾不上休息，马上拨通杨盛林妈妈的电话问明情况，杨盛林妈妈照例发了一通牢骚，一再强调：我就是打卡了，你们总是在这个事上揪住我们不放，到底要干什么？我并没有与她争论，而是向她再次讲明了校园通打卡的作用和要求，特别指出这是为了孩子们的健康与安全而做的一项非常重要的工作，每位孩子和家长都要遵守，虽然天天得想着去做，有些麻烦，但意义重大。同时指出，尽管杨盛林妈妈一直否认未打卡，但后台显示得明明白白，确实未打卡以事实为依据，这一点没有什么好争论的。对于杨盛林妈妈在微信群中表现出的态度，我也给她做了有理有据的分析：家委会主任这样做一是受我的委托，二是工作是为班级而做，三是家委会主任牺牲了自己的时间为班级做事，本身就应该得到肯定，应该给予理解才是，况且他也是一位家长，虽然彼此之间还不是十分了解，但你们为了孩子目标是相同的，我们家长之间更不能为了为这事互相抱怨，甚至恶语相向。我对杨盛林妈妈说："咱们可以换位思考一下，如果别的家长对你无缘无故地来上这么一通，你会有什么感觉？群里都是家长，他们看到你讲过的这些话，看到你这种态度，今后会怎么看待你？我觉得你如果认识到自己的问题，是不是应该在群里有所表示呢？至少给家委会主任表达下歉意嘛！"

我动之以情，晓之以理，经过耐心的劝说，杨盛林妈妈在态度上终于表现出了退让，但还是表示不愿意道歉。我想或许是碍于面子吧，猛药也不能下得太急呀，我便让杨盛林妈妈静下心来慢慢再想一想，相信她会想明白的。后来我悄悄地从家委会主任口中得知，杨盛林妈妈后来还是单独地表示了歉意，并说以后不会再这样吵闹了，我想但愿如此吧。不料几天以后类似的事再次上演。该收孩子的秋季校服款了，因为校服已经发给孩子穿了半年多了，然而在缴校服款时，杨盛林妈妈非说自己交了，但是她又拿不出缴费单据证明。录入缴费的教育平台上明明显示她没有缴款的记录，但是她一口咬定说自己肯定缴了。我早就知道她家庭经济非常困难，我对她说："既然这样，你缴了没缴，我再查证一下吧！"最后我悄悄地给她垫上了80元钱。这种"问题"家长确实带来了不少的问题，不过接下来这件事还是触动了她。后来的一天学校收取课后服务费和孩子十月份的就餐费时，我把杨盛林的事汇报给了学校，学校研究决定减免他的所有费用。我把这个消息告诉杨盛林妈妈，杨盛林妈妈听后握住我的手很激动，最后说："谢谢老师，孩子让你费心了！"我看见她的眼圈红红的。我感到转机来了，此后我有意识地增加与她的沟通联系，平时有空就找杨盛林多谈心，为了提高杨盛林的纪律意识，我给他特意安排了一个纪律委员的职务，只要表现好就及时表扬他，课堂上也有意识地多提问他，答对了全班同学都为他点赞，今年的网课杨盛林学得特别带劲，还多次被评为标杆学生。看到杨盛林的改变，我心里有说不出的满足，我想，最好的教育就是适合自己的教育，成功之路千万条，总有一条适合你。

老师的"缺点"

现在的孩子都只喜欢听好话，喜欢听表扬的话，不愿让别人说自己的缺点。为了让学生知道每个人都有缺点，缺点并不可怕，如果我们能正视自己的缺点，改正自己的缺点，人就会不断地进步。于是我先从自己下手，给学生布置了一项特殊的家庭作业："每位同学根据自己的感受写一写老师的缺点，只要写缺点，不要写优点。"为了让学生放开大胆地写，让学生回家去写，并且不用写名字。

一晚上，我忐忑不安，心里想："我这不是没事找事吗？"虽然自己一向认为自己是一名比较合格的教师，但在学生的心目中自己到底又是一个怎样的老师呢，我心里真没底。

第二天一大早，我迫不及待地到教室收了学生的作业，怀着复杂的感情看了下去。

"我的老师最大的缺点就是太不爱惜自己的身体。她生病时从不休息，嗓子哑了还给我们上课。""我的老师的缺点就是太不注意休息，她每天一大早就来到学校，指导我们上晨读打扫卫生。""我的老师的缺点就是太爱工作了，我们的作业她都认认真真地批改，下班了还不回家。身体是革命的本钱，您怎么能这么不懂得照顾自己呢？""老师是个爱漂亮的人，但我觉得她不太讲卫生，因为她衣衫上和手上，经常看到沾有红色、蓝色墨水，我们知道那是她批改学生作业留下来的印迹。""我们老师的缺点就是管的事太多，我爸爸妈妈原来经常吵架，也不关心我的学习。老师了解情况后，和他们交流后，爸妈感情好了，也关心我了，我的学习成绩飞快地提高了。"……

我哑然失笑，这哪是什么缺点，分明就是一封封高水平的表扬信，把老师美化成了一个英雄，一个无比高尚的人，一个救世主，这些词语、口气绝对不会出自一个八九岁的孩子之手。我实在看不下去了，找了学生询问情况。不出所料，学生回家以后，都是在家长的"指导帮助"下，出色地完成了老师布置的这项特殊家庭作业。

我陷入了沉思：校园不再是一方净土，孩子的心灵不再是一张白纸。孩子们学会了不讲真话，从小像有些成年人一样说话学着拐弯抹角，很让人担忧，这才是教育的悲哀。

致家长的一封信

亲爱的家长：

您好！望着渐行渐远的一年级，我们心里都有许多的不舍和感动。一年级的那些感动与诵读，都已融在了孩子的生命中。语文老师所要做的，是让孩子从阅读中享受快乐，用阅读来影响孩子的人生，让孩子的生命因阅读而丰盈和美丽。

《朗读手记》的作者吉姆·崔利斯说，为什么这些孩子如此热爱阅读，而对面班级却完全不想读？同一个校长，同一本教科书，这是怎么回事呢？进一步探究后，他发现差异在于站在教室前面的那个人—老师。老师的劳动就如同播出的种子，小孩子是一片疏松的热土，最适宜种子的发芽和成长。如果错过了最好时机，就会是一片板结的冻土。所以，同样的时间，同样的努力，大孩子的阅读水平就远远不如小孩子，并且大孩子的阅读热情及感悟能力也不及小孩子。培养孩子的阅读习惯仍是二年级语文学习的最佳途径。没有课外阅读的滋养，就如同焦渴的板结的土地，很难有庄稼的苗壮成长。

二年级的阅读量远远大于一年级。根据孩子的年龄阅读水平，上学期推荐以下书目。

1、《爱丽丝漫游奇境》（英国）卡罗尔

2、《狐狸和列那的故事》（法国）阿希季诺夫人

3、《小熊温尼普》（英国）米尔恩

4、《豆蔻镇居民和强盗》（挪威）埃格纳

5、《彼得潘》（英国）詹姆斯贝洛

6、《我家妈妈的故事》（法国）贝洛

7、《洋葱头历险记》（意大利）罗大力

8、《窗边的小豆豆》（日本）黑柳彻子

9、《淘气包埃米尔》（瑞典）林格伦

10、《假话国历险记天上掉下的大蛋糕》（意大利）罗大力

11、《随风而来的玛丽阿姨》（英国）特里弗斯

12、《丁丁历险记》（比利时）埃尔热

这些书可以去书店或者到网上购买，如果买不到，可以自己选择，只要适合孩子读就可以。给孩子制定一个读书计划，不要把全部的书都给他，那样他就会囫囵吞枣，毫无意义地读了。二年级的孩子不同于一年级了，孩子的心理渐趋稳定，显示出一定的个性特征。个人能处理一些问题，自信心也不断增强，一年级的胆怯恐慌心情渐渐消失。能够判断自己能力的大小，当超过别人时，内心会有自豪感，出现了最早的竞争意识，也产生了集体荣誉感，这些刚出现的个性特征，家长要予以保护和正确的引导，要给以关注和支持。

二年级的学习也有一些变化。孩子虽然有了一定的能力，但自觉学习的主动性和分析问题时注意力的稳定性还是比较弱。他们还是处于贪玩阶段，主动学习的心理还不成熟，不可能完全投入学习，不要对孩子过于苛刻，要积极发现他们的优秀品质，给予鼓励并发扬光大。过分的放任和管教都失之偏颇。

当然，孩子在成长过程中会有许多的问题，希望家长能及时和老师沟通配合，并支持学校和老师对孩子的教育。

我还是相信那句古话，"书中自有黄金屋，书中自有千钟粟"，还是让我们引领孩子提早进入阅读世界中，从书中汲取知识，获得经验。

这是我写给您的第一封信，如有打扰，请谅解。如果您有回信，我真诚拜读。

二年级十一班 吴老师

写你的名字

今夜，月光如水。深冬的月光幽幽地散发着清冷的光辉，凛冽的寒风吹打在只留下枯枝的老树上，呼啸着穿越夜的黑。

曾经看过张晓风的散文《念你的名字》，娓娓道来的生动与关怀，细腻清新的浓浓情意，让人读来柔情百生，久久难忘。而今日，面对你们，我们即将暂别的日子里，我亲爱的孩子们，我也将我的思念与希望写在你的名字里，因为，你的名字，就是这样，时刻萦绕在我心里，无论白天和黑夜，息息相连。

每一个名字，都是父母对你们生活的期待，对你们沉甸甸的期许。

所以，我每写一个你的名字，都会引起我的长长的思绪，犹如这漫漫冬夜。想象父母看着襁褓中的你的欣喜，揣摩那些名字背后的深切的殷望和寄托的热情。每一个名字都蕴含着一种期盼，一份希望，一腔热情，一幅画卷，一个心愿，一份承诺，一丝怀念，每一个名字都是爱的承载，每一个名字都凝聚着无以复加的厚重的情意。

父母的爱无坚可摧。

手指滑过一个个你们的名字，想你名字背后的寓意。

徐一哲：霸气的名字，哲人一样的深邃，一生理性看世界。

梁睿洲：有理想才能成就一番大事业。

黄一安：一生平安足矣。

王豪杰：要做人中豪杰。

朱梦瑶：父母手里的美玉。

王一凡：平凡乃是伟大。

杨东方：东方之子，东方巨龙。

朱李孟虎：森林里的大王，同伴中的佼佼者。

杨光宇：像阳光一样温暖，像宇宙一样胸怀宽广。

……

每一个名字，每一颗真挚的心，每一份厚重的深情，每一个父母手心里的至宝。或许，有一天，当我苍老的那一天，会叫不出你的名字，但是我相信，你的名字已经镌刻在我心底的最深处。在子夜无眠的那一刻，你一样会从我的心底泛起，让我依然期盼，依然难以忘怀。

相信今夜，写你的名字，在夜色斑斓的静默中，留下真诚与感动，在即将来临的晨曦粉红的思念中，坚守我们的约定。

每一次写你的名字，都会浮现你的笑脸。我们师生一场的感动，仿佛今晚窗外构成的美妙时刻，说不清是夜的幽静还是月的光辉。在这样的夜晚，写你的名字，是那皎洁的月色光华的真情洒落，是那寒风呼啸的清醒，是绽放内心花朵的感动。八十四朵鲜花绽放，八十四个名字升腾。叠映在这一年的感动，锁紧所有的温暖和真情。

在这样的夜晚，再次写你的名字，用已经被寒夜冰冷的手指再次滑过你的名字，把所有的希望和期待，再一次送给你们，我亲爱的孩子们。

践行：

扎根一线　勤耕不辍

集优积分　向优而行

　　班主任是班级的管理者、组织者和指导者，是学生全面健康成长的引导者。我已从教 33 年，有 28 年的班主任经验，近几年我遵循"一切为了每一位学生发展"的育人理念，致力于班级集优积分的实践与探索，取得了丰硕成效。

　　下面我以 2017 级 4 班为例谈谈我的具体实践做法。该班有 51 名学生，大多来自老城区的普通市民家庭，多数家长从事个体生意，文化程度参差不齐，教育观念滞后，但多数家长对老师的工作比较配合，学生有渴望进步的强烈意愿。集优积分引入班级日常管理后，"管理促育人，教育出实效，让每一位学生都体验到成功的快乐"的效果很快显现出来，具体体现在以下四个方面。

一、班级管理讲方法

　　首先是建立积分组织框架，按照同组异质、异组同质的原则，对全班学生合理分组、分层管理，设立各组各层级负责人，用于督促成员、联络老师和日常量化积分统计。

　　其次是集优积分采用"标、生、记、用"策略。

　　"标"是制定积分标准。最初我们在开展一次"三八妇女节"我为妈妈献爱送祝福活动中，制定了方案实施计分标准，孩子们用自己的方式表达了对妈妈的爱和祝福，孩子们也收获了快乐。有了这次的成功，我们决定将这种积分活动延伸到学习、到校、路队、课间操、纪律、卫生等班级管理的各个环节，本着"哪里有需要哪里就用积分，哪里有问题哪里就制定积分标准"的原则，贯彻到班级日常管理过程中。

"生"是学生的常规管理。本着人人参与、民主、公平的原则，班级学生共同讨论制定班级制度、班级公约，共同讨论将学生德育表现和班级管理事务分项目制定出计分标准。小组是积分的基本管理单位，小组内成员为小组荣誉而战，小组内成员互帮互携，共同进步，平时会经常性地开展小组间 PK，通过竞争促进相互提高。

"记"是做好积分记录，小组长是积分记录员，采取每日记录，每周统计，每月汇总，每学期总结表彰的方式。为方便记录，我们充分利用学校配备的积分龙虎榜，学生可随时拨动龙虎榜记分牌计分，让记录变得更便捷。

"用"是积分总结表彰。通过每周积分快乐会议，对每周记录进行一小评，评出本周的"标杆小组"和"标杆学生"，然后每月一大评，评出本月"优胜小组"和"最美学生"，学期结束评出"集优积分小达人"，作为学期末学生各种表彰奖励的依据。在量化计分基础上，我们制定规则，采用积分换奖卡、奖卡兑积分的方式，增加了集优积分的趣味性。

我班有五六名淘气包，每天上课起哄，不遵守纪律，个性突出，其他老师们多次向我反映这个问题。我通过观察了解，发现这几个孩子特别喜欢打篮球，于是我因势利导，以这几个孩子为主成立了班级篮球兴趣小组，我也加入其中，一有空就和这些孩子们一起打球，并鼓励他们积极参加各级比赛，就在 12 月 4 日刚刚结束的兰山区小学篮球比赛中，有 5 名同学出自我班级，代表学校参赛队员获得区级一等奖，我也在班会上对这些孩子通过积分、奖卡、点赞等形势进行表彰，树立班级的标杆，这些孩子不但学习进步了，纪律也有了很大的转变，促进了良好班风的形成。

我们的积分管理取得以下效果，一是变学生"要我做"为"我要做"。苏格拉底说过"教育不是灌输，而是点燃火焰"，积分管理犹如一把火，点燃了每位学生心中的热情，班内很快形成了一种"比学赶帮超"的局面，积极向上成为班级主流。二是轻松管理班级常规工作。班级事务实行微格化管理，班级事务按项目分配给学生，按管理结果奖励分值，使班级内"人人有事干，事事有人管"，这正是我追寻的班级管理的最佳境界。三是打造高效课堂，提高教学质量。集优积分以"分"为载体，孩子们的学习充满竞争和挑战，学习由被动变主动，课堂效率提高了。我班上学期学习质量评分遥遥领先同年级其他班级，就是最好的证明。

二、班级文化创特色

为树立良好的班风，突出班级文化特点，结合创建文明校园打造校园文化活动，我班总结凝练出了"今天我为班级而骄傲，明天班级为我而自豪"的口号，确立了"自信、自律、自尊、自强"的班训，让"向阳而生，向优而行"引领班级文化。

根据我班大多数学生爱好广泛、特长突出、乐于奉献的特点，班级成立了各类兴趣小组，在课余广泛开展绘画、剪纸、集邮、小制作、篮球比赛等丰富多彩的活动，让创新实践活动成为我班的文化亮点，让星光闪耀成为我班的文化名片。我们的努力没有白费，几年来，我们班有两名学生在全国邮票设计大赛中获二等奖，一名学生在市级科技小制作比赛中获一等奖，一名学生参加临沂市"U10"篮球赛获得冠军。所有的活动我们都及时地跟进记录，并给予隆重的表彰。上学期在"红色追光，双百行动"活动中确立了时代楷模黄大年为我班的学习榜样，在学校第二届启阳戏剧节上，我班学生集体表演的戏剧《时代楷模黄大年》，真情流露，把黄大年教授那种热爱祖国，争分夺秒拼命工作的精神生动地传达给观众，展现了我班演出队员们的高度配合，这次演出获得超完美的成功。以上成绩的取得是集优积分的魅力点亮了班级文化品牌。

三、家校合作共促进

在班级管理中，我特别重视与家长的交流沟通，通过畅通沟通渠道、做好分类指导、重视个别交流，通过家委会、家长会、家访、电话、微信群等与家长敞开心扉交流，做到有求必应、有问必答、有难必解。

我们在家校合作上特别推行了"集优积分进家庭"活动，指导家长在家中分项目设立孩子的学习篇、运动篇、家务篇、进步篇等活动积分标准，家长作为执行监督人，参与孩子的指导、记录、召开快乐会议等，并随时与班主任交流，我会在班级积分总结会上，及时将其中比较好的做法及时介绍推荐给家长们。其中我班项梁徽、李丹雪、朱金田等同学的家庭集优积分活动案例，得到了中国杰出管理者、华之梦 e 积分创始人李维新的高度赞誉。

四、学生沟通显实效

集优积分让数据说话，让我们明显地看到学生的进步，也让我们及时发现问题，这样我们可以有针对性地与学生交心谈话。积分促进了学生快乐成长，也改变了许多"问题"孩子。

这是一个典型的案例，朱金田是一名活泼好动一刻也闲不住的男孩儿，曾经拿别人东西上瘾而不当回事儿，作业一把草，一次还因为用石子划伤邻居家的奔驰商务车而让父亲对其狠狠揍了一顿，可以说家长是到了恨铁不成钢而又无计可施的地步，朱金田也变得更消沉。在一次有家长们参加的专家培训会上，朱金田的家长因为按专家提议找不出孩子的优点而问我，我却一口气给朱金田找出了十几条优点，写下来给他们看，这让他们十分感慨，后来朱金田家长对我讲："您指出的十个优点对孩子的鼓励特别特别大，我们有希望了！"我也抓住机会，积极开导朱金田，指出他的每一条优点都可以得到奖励，自此朱金田开始变了，变得积极主动了。我不断用积分鼓励他，每天的打卡集优积分更调动了他参与其中的那股劲儿，开始做到了每天都早早起床背诵古诗、诵读英语、认真写作业，帮妈妈做家务……每天的打卡积分都渐渐保持满分了，老师和家长看在眼里，喜在心上，不由得说朱金田变"乖"了。

最让我感动的是，在沟通中不知不觉收获了家长们的真诚信任，得到了孩子们的真心爱戴，这几年每逢教师节我都会收到家长和孩子们精心准备的祝福卡或纪念册。今年暑假，因工作需要我被调入分校任教，就在我在本校上班的最后一天，全体家长和孩子们不约而同得早早等在学校门口，孩子们眼里噙满了泪花，那难舍难分的场景，让我久久不能平静。我知道这一切都源于我对他们的真诚付出，因为我在他们面前总能"放下身价"，真正做到"想他们所想，急他们所急"，这是真心换真情的结果。

看到孩子们一天天快乐地成长，班级的许多难点、痛点一点点地解决，班级管理的短板问题化成了长板优势，让我感到十分欣慰。我深切地感受到：教育是细水长流的滋润，是水滴石穿的等待，集优积分作为一种激励教育管理手段，实践证明是一种行之有效的方法，"一分耕耘，一分收获"，我对我的班级集优积分管理充满了信心，下一步我会努力实践，继续探索，让集优积分结出更多硕果！

以身边的美教育孩子
——谈临沂乡土美术教育素材的探索和利用

一、从临沂当地的人文自然景观中挖掘乡土美术教育类素材

人文景观是人类文明发展过程中所创造和保留下来的自然景物和人文事物，其中保留有美术、建筑、雕塑及宗教等丰富艺术。我们的家乡——临沂，向来有"蒙山高，沂水长，沂蒙山区好地方"的赞誉，有着深厚的历史文化底蕴和令人叹为观止的人文景观。循着人文景观这条线索搜寻我们家乡的乡土美术素材，其中自然的人文景观会不断涌入我们眼中，我们可以归纳为四类：一是传统的名胜古迹；二是具有诗情画意的自然风光；三是反映老区光荣革命传统和现代家乡建设变化的人文景观；四是当地的风俗习惯及特产。

第一类是传统人文景观，以古建筑为主体，如园林庭院、古墓、庙宇、遗址等。这些景观典雅古朴，遗迹、遗物丰富多样，有的堪称举世无双，这一类景观可以成为学生进行观察、仿写、描摹的好素材。

银雀山汉墓竹简博物馆，系遗址性专题博物馆，地下有规模较大的汉代墓群。该馆始建于1981年，1989年建成并正式对外开放，是我国第一座汉墓竹简博物馆，被列为山东省重点文物保护单位。馆内陈列有《孙子兵法》《孙膑兵法》《六韬》《尉缭子》《管子》等先秦古籍及汉墓出土竹简7，500余枚。其中失传了1700多年的《孙子兵法》和《孙膑兵法》终于解开了历史上存在的孙子和孙膑是否同一人，以及这两部兵书是否同一部还是两部的千古之谜，成为新中国成立以来十大考古发现之一。另有出土的大量文物精品，像陶器、漆器、锦帛、画卷等。1974 年金雀山九号墓出土的西汉彩绘帛画，呈长条形，包括上部的天体、中间的人间活动场面、下部的地下或大海三部分，人间活动部分描绘的是墓主人生前起居宴游等与生活有关的事件情景。这幅帛画完全可以与马王堆 T 形帛画比肩，是我国长江以北唯一出土的西汉彩绘帛画。学生从中可以领略和吸取较高的历史、艺术和科学知识。

王羲之故居，1989 年临沂市政府对其修缮，1990 年正式对外开放修复的晋代大书法家王羲之的故居，为古典园林式建筑。内有洗砚池、碑廊、晒书台、左公祠、琅琊书院等景点，里面陈列着王羲之的碑刻、碑帖，以及临沂其他书法大家的墨宝真迹。在故居的西侧有一条百米长的书法碑廊，展示了当代书法名家的手迹，东侧有亭榭、小桥及片片竹林。身在其中，可以领略到景致的典雅古素和书法的大气浩成。

沂南北寨汉画像石墓，俗称将军冢，位于沂南县界河镇北寨村，1954 年发掘，1977 年被定为省级重点文物保护单位，2001 年被定为国家级重点文物保护单位。该墓约营造于东汉末年，距今已有 1，700 多年。墓室内有画像石 42 块，总面积 440 余平方米。画像内容有出行、宴会、祭祀、战事、乐舞、奇禽异兽、历史故事、神话人物等，内容丰富，场面巨大，画面雕刻精美、线条表现纤劲流畅，堪称两汉雕刻绘画艺术的珍品。从中可以领略东汉末年的社会经济状况、阶级矛盾、典章制度、风俗人情、建筑发展、绘画风格、宗教哲学思想等。

除此之外，还有诸葛亮故里、颜真卿故里、平邑汉阙、荀子墓、宝泉寺、齐长城穆陵关遗址、北沟头古文化遗址等等，充满了各自浓郁的古代人文景观文化气息。

第二类是具有诗情画意的自然风光，这一类景观可以成为学生进行观察、欣赏、写生的好素材。

蒙山，称"东蒙""东山"，为泰沂山脉系的一个分支，有"七十二主峰，三十六洞天"的说法，主峰因形似卧龟得名龟蒙顶，海拔 1156 米，是山东省第二高峰，与泰山呼应堪称伯仲，享有"岱宗之亚"的美称，难怪"孔子登东山而小鲁"了。1994年被批准为国家森林公园，1995年被确定为省级风景名胜区。蒙山风光秀丽，兼有泰山之雄美、黄山之秀美、华山之俊美、雁荡山之奇美。春来层峦叠翠，林海花潮，夏天云雾缥缈，飞瀑流水；秋至红叶映照，漫山碧透；冬日则银装素裹，分外妖娆。蒙山也是历史文化名山，留下了众多文人骚客的千古佳句和帝王将相的足迹，李白、杜甫结伴游蒙山写下了"余亦东蒙客，怜君如弟兄。醉眠秋共被，携手同日行"的名句，北宋大文豪苏轼登蒙山写有"不惊渤海桑田变，来看龟蒙漏泽春"的佳句，唐玄宗曾率群臣登临蒙山，清帝康熙写有《蒙阴晓雪》，乾隆写有《望蒙山雪色》等诗篇，都对蒙山大加赞美。

沂蒙石林，费县园林石规模巨大，主要产于临沂费县城北钟罗山后10余平方公里的土地上，所产园林石玲珑剔透，造型奇特，集"瘦、漏、透、皱、丑"于一体，天造地设，鬼斧神工，堪称天下一绝。有的犹如猛虎下山，有的形似蟠龙卧海，有的像极雄鹰展翅，有的如同猴子爬山，还有的像仙女下凡……形态千变万化，可谓奇石挟故事，千奇誉美章。用费县园林石装点园林庭院，古朴典雅，可与江南的太湖园林石媲美。目前在费县许家崖旅游区的玉环山，做了专题旅游规划，定位粗犷式园林风格，精选优化组合奇石，建设"沂蒙石林旅游"项目，使其成为融观光、民俗、购物、休闲为一体的旅游风景区。

莒南天佛和马鬐山景区，构成莒南天佛旅游区的重要部分，同时也是蒙山沂水锦绣山川中璀璨的明珠，绚丽多彩，风景宜人。所谓天佛是指由望海楼形成的天然卧佛山体形态，该山于不同角度呈现一山三景，国内外实属罕见：由南向北看，此山1800米，呈现为一座卧佛，头枕西南，脚伸东北，五官清晰，四肢分明；由东向西看，此山恰似一尊观音菩萨，长发飘逸，体态丰腴，雄伟庄重，纯真美丽；由北向南看，此山又像极了一头猛虎，昂首东南，威风凛凛，仰天呼啸，卧伏待起。马鬐山耸然而立，拔地而起，雄壮巍峨，气势恢宏，环绕比三个西湖还大的天湖环绕，山色湖光一体，激滟灵蒙动人，犹如仙境幻地。马鬐山群峦叠翠，山峰挺拔峭峻，奇石突兀，秀美磊落；悬崖耸立，绝壁高挂；深涧幽深，清泉飞涌；天瀑高悬，气卷雾腾；遍山松柏苍劲，藤萝牵绕；山花缤纷竞艳，百鸟争鸣。马鬐山，挟山之雄，引石之奇，面峰之峭，现崖之险，探涧之幽，享物之美，透景之秀，在国内外十分罕见，向来有四奇、四怪、四险、四秀之说。

第三类是反映老区光荣革命传统和现代家乡建设变化的人文景观，可以成为学生进行观赏、体验、创作的好素材。

华东革命烈士陵园，1949年4月，山东省人民政府为纪念自第一次大革命时期至解放战争时期牺牲的华东地区革命先烈而建，为华东地区最大的革命烈士陵园。景观主要有革命烈士纪念塔、革命烈士事迹陈列馆、革命烈士纪念堂、革命烈士公墓等，东西墓区设有粟裕、罗炳辉、汉斯·希伯、张元寿、王麓水等老一辈革命家及烈士的墓，陵园内镌刻有毛泽东、周恩来、刘少奇、朱德、任弼时、董必武、刘伯承、陈毅和罗荣恒等党和国家领导人的题词。1986年10月，该陵园被列为第一批全国重点烈士纪念建筑物保护单位。

孟良崮战役遗址，为沂蒙红色之旅的标志性景观，1947年5月，我华东野战军在陈毅、粟裕的指挥下，在孟良崮全歼国民党"五大主力"之一装备精良的整编第七十四师，击毙敌师长张灵甫，孟良崮为此而名扬海内外。孟良崮旅游区主要景点有孟良崮国家级森林公园、孟良崮战役纪念碑和孟良崮战役纪念馆，其中孟良崮国家级森林公园占地约800公顷，孟良崮主峰上耸立着孟良崮战役纪念碑，在山下建有孟良崮战役纪念馆。

沂蒙湖国家水利风景区，位于临沂市区东侧沂河城区段。1997年在沂河城区段小埠东兴建成橡胶拦河坝，该坝全长1247.4米，是目前全球最长的橡胶坝，入选第四届吉尼斯世界纪录，是集防洪、灌溉、发电、供水、旅游为一体的水利枢纽工程。湖心建有2个湖心岛，两岸修建了80米宽的绿化带，形成了一湖、两岛、两线、多桥的水上休闲游乐区。万亩水面波光粼粼，两岸滩地绿草树木葱茏，拦河坝远看雄伟壮观，湖心岛遥对相映成趣，河面多座大桥腾空飞驾，形成一道道靓丽的风景线，是游人休闲娱乐的好去处，堪称临沂市的"外滩"和中国北方的"威尼斯"，是水利部公布了首批18处国家水利风景区之一。

临沂人民广场，位于临沂市老城区中心，于2001年初建成，目前是山东省面积最大的城市广场。临沂人民广场以主题"蒙山沂水，文韬武略"作为设计建造理念，这一主题凝聚了沂蒙文化的精髓，充分展现出"蒙山沂水"的自然风景特色和"文韬武略"的厚重历史文化特点。广场总体布局为"两区一路一城"，规划成为一个功能多样、文化深厚、匠心独运的休闲游乐文化广场，九根浮雕风情柱巍峨矗立，默默地陈述着临沂的漫长的发展历史，让人们感受到它的博大胸怀与厚重历史；高高耸立的"山高水长"大型市标雕塑，以高山和折射在水中的倒影表现出"蒙山沂水"的形象，以挺拔的直线、摆动的曲线分别象征着山的阳刚之气和水的阴柔之美，同时象征着沂蒙地区稳定、富庶与发展。整个雕塑为红色，代表了沂蒙地区的革命光荣传统，如火如荼的发展形势和自强奋进、勇于探索的时代精神，把临沂的历史、现在与未来有机地结合在一起；彩虹喷泉、旱喷泉等各式喷泉喷涌流淌出一首首美妙的乐曲；浪漫的文化长廊开拓了人们的文化活动空间，体现了广场深邃的文化内涵；十座端庄凝重的历史名人石雕记录着临沂的过去，展现着临沂的现在，憧憬着临沂的未来；广场中央巨大而清晰的电子屏幕播放着沂蒙人民艰苦创业，战天斗地的丰功伟绩，传播着外界的种种信息，时时连线外部世界。

飞龙花卉城，飞龙花卉城是山东飞龙集团在临沂罗庄投资兴建的高科技产业基地，占地300多亩，总投资3亿元人民币，建有高标准的连栋温室，现代化高科技生产大棚，现已大量培育生产蝴蝶兰、红掌花、姜荷花等高经济价值的名贵花卉品种，它主要经营各类鲜花、盆花、盆景、观叶植物、绿化苗木等项目也供外人参观游览。内建有蝴蝶兰培养区、精品花卉中心、专家楼以及中国民营企业第一批博士后工作站及各种大型花棚等。飞龙花卉城是鲁南苏北最大的花卉市场，是花卉界的物流中心、信息中心，2000年山东飞龙集团被农业农村部评为全国最大的鲜花生产基地。

此外，规模宏大的临沂批发城，还有人民公园、双月湖公园、盛能游乐园、欧洲街等都成为临沂人观赏、休闲、餐饮、购物、娱乐的好去处。

第四类是当地的风俗习惯及特产，可以成为学生欣赏、想象和素材积累的对象。

乐舞、剪纸，沂蒙地区有灿烂的乐舞文化和具有浓郁地域特色的剪纸，乐舞经历数十个朝代风雨的洗涤和冲筛，传承保留下来的俨然已成为民间传统舞蹈的精髓，如龙灯、扛阁、扑蝴蝶等成队而舞，粗犷奔放，气势恢宏，极具地方特色。沂蒙地区还是著名的民间剪纸艺术之乡。无论走进哪个村庄，不管经过哪家窗前，你几乎都会惊奇地发现那些吉祥的、火红的窗花点缀着农家的日子。炕头灶前、雪夜树下，一双双灵巧的双手，一把把飞舞的剪刀，将日新月异、无限风光的农家生活活脱脱剪出，飞剪裁出浓郁的诗情画意，剪纸是沂蒙地区民情民俗的载体。近几年涌现出许多优秀剪纸作品，如王滨先生等创作的大型剪纸《王祥卧鱼》《莲生贵子》《桃孩》等，在庆祝中华人民共和国成立 50 周年全国剪纸展览中荣获三个金奖，两个银奖；剪纸连环画《王祥卧鱼》还被清华大学工艺美术学院收藏。这幅剪以把天地作半圆，在天空处布满半圈雪花，于王祥卧冰的腹部剪一大鱼，周边浮游着一群小鱼，构成了一幅汉画石刻和富有装饰味的现代木刻。他在《水浒人物一百零八将》《三国演义》《西游记》《红楼梦》等剪纸创作中，充分吸收民间传统文化丰富的形象内涵，在刀法和造型设计上大刀阔斧、出神入化，从有法到无法，把民间艺术的传统魅力转化成新的剪纸语言符号。

印染，沂蒙地区的蓝印花布和彩印花布也非常有名。蓝印花布使用的靛青颜料，它是从一种叫蓝草的植物中提取的，靛青色泽素雅，物理性能稳定，再配上吉祥、神秘而绮丽的图案，纯净得超过蓝天里飘逸的白云，比大地上绽放的花朵还更深情。蓝印花布的图案大多用七点花鸟作为基调，结构上以短线、小点、小块面组成，形似猫爪，又像梅花；还有的采用"轱辘线"等传统纹式。彩印花布大多以大红、绿、桃红、紫、黄五色进行套印，色彩绚丽，结构丰满。

手工艺制作品，像莒南的王家坊的石块雕塑构思巧妙、造型古雅、风韵天成、内涵深邃；兰陵县小郭东村的泥塑玩具，泥模成型、外形夸张、色泽艳丽；郯城的木雕玩具历史悠久，种类式样繁多，车马鸟兽、刀枪剑戟、人物装饰、灯具挂饰等达 7 大类 500 多个品种，那些造型逼真的虎头钟、梅花枪、龙泉剑，那些刻画细腻的核桃人、马拉车、八仙花篮驮载着美丽的童话，民谣和许多神奇的传说，吱吱呀呀碾过岁月的小巷，牵手穿过了一代又一代人的童年。还有临沭、莒南一带的柳编工艺品，也是遍地开花；以沂蒙山、苍马山树根为原料的根雕也展露风采。而巧手少女的刺绣与农村老太太手制的老虎鞋、活泼可爱的布娃娃等则相互媲美、相映成趣。

另外，临沂的民间工艺制作技巧在特色饮食方面也表现得淋漓尽致。这里的风味小吃历史源远流长，风味品种繁多，其中尤以糁和八宝豆豉最为著名。

二、以家乡人文景观为素材组织多种形式的乡土美术教学。

从以上可以看出，丰富的家乡人文自然景观其实就在我们身边，要靠我们用心探索和挖掘，因为地方性人文景观历史悠久、源远流长，有着深厚的地方文化底蕴，所以地方性的乡土美术文化，要立足于本土，体现出本土民间风俗文化和地方民族特色，这样才能创造出独特的艺术形式，才能体现出它的强大生命力。这就要求在我们的美术教学中，紧密联系实际，从学生身边的事物、景物出发，让学生充分了解家乡的自然环境、风土人情、人文历史等，还要引导学生接触不同社区、地域的美术文化。因此，补充乡土美术教材，进行乡土美术文化教育，是一个值得探索、很有研究价值的课题。

要开展多种形式的乡土美术教学，本人认为可以从以下几方面着手开展：

1. 定期以写生、生态游等方式，组织学生开展乡土美术教育活动。就是将美术课堂搬到室外，教师带领学生深入自然风光地、特色古建筑区等开展写生。在写生过程中引导学生仔细观察和深入感受当地的自然风光和人文景观之美，通过实地搜集美术原材料，把自己的亲身体验及时描绘下来。回来后还可以让学生写写"美术日记"，以培养学生考察研究乡土美术的兴趣，发挥学生探究的主观能动性，进一步提高学生的审美观。

2. 把乡土美术教育和校园文化建设有机地结合起来，开展丰富多彩的校园文化活动。譬如，学生写生回来，可以以他们所得的素材为基础，经过整理，举办一个诸如"蒙山风景写生展""临沂古建筑美术艺术展"等，还可以直接将收集到的实物资料整理成"临沂乡土美术资料展"等，让更多的学生接触和认识当地的乡土美术文化，也让他们树立起积极参与保护、参与建设乡土美术文化的意识。

3. 以手工艺素材为基础，让学生发挥想象，进行创作。像我们当地的印染花布和各色手工艺品，或有着美丽的可观赏的图案，或有着式样繁多的造型，不仅线条美丽流畅，而且色泽艳丽多姿，为学生发挥想象，充分描绘提供了实实在在的生活创作"原型"。

4. 教师可以将家乡人文景观拍摄成照片和录像，或整理成其他形式的乡土美术资料，通过放映图片、录像展示、文字资料介绍等方式，让学生在欣赏中感受乡土美术文化那浓浓的艺术气息。

5. 以当地革命遗址为校外"德育基地"，组织学生定期参观，让学生在接受爱国主义教育和革命传统教育的同时，感受历史进程中具有震撼力的流动气息的美。

乡土美术教育是一个多元化的教学体系，涉及政治、地理、历史、经济、自然等多学科，有利于学生综合实践能力的提高。因此，值得我们身处具有丰富乡土美术文化资源的地方的教师去探索和开发，应用于美术的实践教学中去，努力开拓立足"身边"探索乡土美术文化教学的新途径，培养基础性研究和开拓性人才，满足未来社会发展对多元化人才的需求。

语文教学要正确把握课程的特点

新课标把语文课程定性为：语文是最重要的交际工具，是人类文化的重要组成部分。因此工具性与人文性的统一，是语文课程的基本特点，在语文教学中，要全面提高学生的语文综合素养，应该首先把握好语文课程的这些特点。

首先，语文教学要体现充分发挥语文教育的人文性的特点。因为语文教育具有丰富的人文内涵，尤其这门课对人的精神领域的影响是深广的。大家都深有体会：一部优秀作品，一篇优秀课文，可能会影响人的一生，改变人的一生。所以在语文课中要重视价值观的导向作用，既要教知识，又要教做人。除此之外，还要重视语文课程对学生文学方面、情感方面的熏陶、感染作用。在这方面苏联和欧美国家都比我们做得好。同时也应尊重学生在学习过程中的独特体验，这实际上是把语文学科同自然学科比较，自然科学追求客观性、抽象性，而语文学科的特点是主观、具体、形象的。因此在新课标中表述为"人们对语文材料的反应往往又是多元的"。也就是说，作者的想法、老师的理解、学生的理解都是不同的，而现在的语文教学要三者统一，只有一个标准答案，这就很麻烦。麻烦到那个标准答案连老师自己都不理解，作者有作者的生活背景，老师有老师的心灵世界，孩子有孩子的人生体验，成人的东西学生不一定能理解。语文学习的个性化体现在对文本的解读，对阅读材料的理解是多元的，是不相同的，"一千个读者就有一千个哈姆雷特"。例如，有位专家听《白杨礼赞》一课，老师问学生："本课的抒情线索是什么？"学生回答："不平凡"。后来又到南方听课，恰巧也是这节课，老师同样也提"抒情线索"这一问题，学生还是异口同声回答："不平凡!"这位专家不明白：人可不平凡，树可不平凡，抒情怎么可不平凡呢? 把人的思维强理成一条线不可取。

其次，要充分认识语文是实践性很强的课程。语文学习过去多以接受性学习为主，在引导实践方面做得不够，语文课程要培养学生的实践能力，光靠讲是不行的，过去强调反复强化训练是不能高效培养学生的能力的 。语文作为母语课程，其优势是其他外语教育所不能比拟的，一方面学生生活在汉语环境中，满嘴说的是汉语，满耳听到的是汉语，满眼看到的也是汉语，自小就具备起了良好的听说基础，一般在入学前就能讲出两三千个词汇。另一方面，生活环境、社会环境给我们提供了十分丰富的语文资源，为我们语文的实践教学提供了取之不尽、用之不竭的材料，所以，学生在学校中学到的知识，只有与现实丰富的社会实践活动结合起来，才会变得生动鲜活;学生只有亲身经历社会实践，才能让知识获得更丰满、领会深刻。有句话说得好："听来的忘得快，看到的记得住，动手做的更能学得好。"

第三，还要重视汉语言文字的自身规律。如利用汉字的造字规律，形声、会意，帮助识字，利用间架结构帮助写字。另外，利用汉语感情强烈的优势，加强学生语感能力和整体把握能力的培养，其中特别要提倡诵读，诵读的作用在于，通过诵读可使学生记住语言材料（如字、词、句、篇等），在记住的同时，又可帮助学生建立起比较感性的语言模型，养成良好的语言反应机制，诵读还是体验感情的过程，加强领会的过程，也是审美情操养成的过程。连美国汉语言学家都说："读汉语识汉字就像欣赏一幅画，汉字充满了动感，不像西方文字那样被语法和规则框死。"再比如，汉语言文化源远流长，让学生背诵古诗文，丰富学生语言积累，可增加学生文化储备。总之在语文教学中要做到"四重"：重整合、重实践、重积累、重熏陶。

【此文发表于《中国教育导刊》】

小学语文阅读教学学生情商的培养探析

最新小学语文新课程标准提出，要培养学生"具有独立阅读的能力，学会运用多种阅读方法。有较为丰富的积累和良好的语感，注重情感体验，发展感受和理解能力。"这就要求语文阅读教学不仅要重视阅读能力的培养，还要注重情绪情感即情商的培养。情商是与智力和智商相对应的概念，主要指人在情绪、情感、意志和耐受挫折等方面的品质，反映了一个人如何管理自己的情绪和处理人际关系的能力。美国哈佛大学心理学博士丹尼尔·戈尔曼在《情感智商》一书中指出："真正决定一个人成功与否的关键，是情商能力而不是智商能力。"心理学家普遍认为，一个人事业的成功，20%和智商有关，80%取决于情商。心理学研究还表明，小学阶段是孩子情商发展比较关键的时期，要注重小学生日常情商培养，而语文课本就是很好的情感范本，如果再深入挖掘其他各类阅读素材，对激发、调控和培养学生的情商都是十分有益的。

一、情商培养在阅读教学中的作用

1. 有利于提高学生阅读兴趣

小学语文教学主要是对学生进行听、写、读、说等方面的训练，一直以来，许多教师往往比较重视听、写训练，而疏于对学生读、说的指导，导致学生对读、说兴趣不浓。心理学研究表明，培养阅读兴趣比阅读本身更重要，因为兴趣决定着学生的阅读取向，兴趣是学生热爱阅读的内在动力。语文教学课堂应该是充满活力的，学生的认知活动需要伴随一定的情感，教师应该充分挖掘语文教材中蕴含的情感因素，深刻把握教材的内涵，运用一定的教学艺术去培育挖掘学生的"情商"，使学生与所读内容产生共鸣，对所学知识产生浓厚兴趣。教师除了做好课堂经典文章的教学指导外，还可以有意识地引导学生在课余时间阅读相关的优秀文章和作品，通过阅读活动设计，让学生进一步体验生活，了解社会，这样的课内外结合，也是一种情感的发展过程。通过课堂的艺术化教学和课外的兴趣化阅读引导，慢慢培养学生的情感，激起学生对阅读的兴趣，反过来兴趣又促进情商的发展。

2. 有利于激发学生阅读情感

小学生阅历浅，生活面狭窄，人生阅历刚刚开始，加之在许多家庭的教育中，家长往往重视孩子智商教育，对情商教育知之甚少，情感教育的缺失显而易见。我们常常看到，尽管教师在课堂上声情并茂，绘声绘色地范读，部分学生总是提不起兴趣、缺少情感、勉强跟读，不免让人感到要让情感的种子在学生的心中萌发是多么的不易。情感性是语文学科的重要特征，情感是阅读的灵魂，没有情感的阅读是枯燥无味的，学生也体验不到阅读中的精彩和乐趣。实际上语文课文和学生平时阅读大多数的文章都是包含着浓厚的感情色彩的，教师可以从多种角度，运用多种教学手段，如图片、视频、音乐、课件、游戏等创设情境，渲染气氛，挖掘情感资源，引导学生细细品味和体验，让学生入情、移情，不知不觉进入文章的情感之中。只要教师在平时的教学中着意引导，久而久之，就一定会打开学生情感的闸门，阅读情感被激发，学生的阅读兴趣和欲望就会源源不断。

3. 有利于培养学生阅读能力

早期阅读能力的培养是近年来世界各国低幼教专家较为关注的问题，研究表明，阅读能力的培养对孩子的口语表达和思维发展都起着非常重要的作用，也影响到其今后终身学习能力和水平。培养孩子的自主阅读能力要从良好的阅读习惯培养开始，一个温馨的书香门第家庭可以成为学生阅读启蒙场所，而学校和课堂更是学生在阅读中快乐成长的乐园。教师不仅可以在课堂上、在教室里创设生动的充满温情的阅读环境，还可以创造性地运用多种方法，有意识地通过听读课内与课外形式多样、风格多样的文章和作品，引导学生分享更多阅读内容，调动更多阅读积极性，激发更多阅读思考，增加更多阅读知识，锻炼孩子的接受分辨、听觉记忆、感悟理解的能力，这是学生自主阅读能力提高的基础。自主阅读能力的提高是一项迁移化的训练，需要教师日常指导帮助学生制定阅读计划，引领学生选择合适的读物和文章，特别是增加课外阅读量，通过课内创设情境、设疑激趣，课外阅读积累、思想启迪，学生会攻破一个个心中疑团，在读懂文章的同时把握准文章的脉搏，并养成主动思考、自觉读书的习惯。

4. 有利于克服学生阅读困难

阅读困难是小学生常见的一种学习障碍，表现为小学生阅读不顺畅很费劲，不能正确流利地朗读文章语句，对文章内容不能清除地理解把握，阅读能力甚至还达不到其年龄应有的水平。这样不仅会影响到其个人的语文成绩，也会影响其他学科的学习成绩。除了少数由智力因素引起的阅读困难外，大多数是由情绪、情感和意志品质等非智力因素引起，还有一些是由于缺乏足够的识字量和相应的知识背景而影响到学生的阅读和理解。美国心理学家认为，情商培养主要包括如何培养认识和管控自己与他人的情绪、如何自我激励和锻炼意志的能力，所以在阅读中融入情商教育，其实就是帮助学生克服心理障碍，让他们逐渐认识到，在阅读中遇到困难是暂时的，也是可以克服的，要积极去应对而不是消极退缩。对于识字量和背景知识缺乏造成的问题，需要教师和家长采取有效的策略，在培养孩子良好的意志品质的同时，向其传授正确而有效的阅读技巧和方法，不断消除其阅读中的消极情绪，就可以大大提高他们的阅读理解能力。

二、阅读教学中情商培养的方法途径

1. 融情于教，激发情商

小学教育中，教师的一言一行对学生的影响非常大，教师在教学中不仅要将知识直接传授给学生，还要通过自己的教学语言、教学姿态、教学风范影响和感染学生，激发起学生的情感。蕴含于教材文章中的情感闪光点在学生阅读中往往会稍纵即逝，教师必须运用语文特有的教学语言，适时合理地点拨和启发学生，才可能使教材这些情感闪光点较长时间地映照在学生的内心深处，鼓励性的评语对学生情感调控也是非常有效的，学生因此会感受到老师对自己的肯定和激励，自尊心得到满足，自信心提升，学习兴趣会大大提高。教师的阅读教学姿态可以做到丰富多样，这些姿态也会不经意的影响和感染学生，教师可以通过课堂观察、体验，不断揣摩总结，有意识地做出一些有利于调节阅读教学气氛的姿态。譬如教师的一个手势，如果做得自然、得体、恰当，会打破呆板的气氛，让学生心领神会，引起学生的情感共鸣，再如教师边读边走过每一位学生身边，会提高学生的专注力，让学生感受到老师对自己是关注和关心的。这样活泼生动的课堂气氛和师生间的情感交融，有助于启迪学生的情感智慧，也有利于开发学生的智力潜能。教师的风范会直接影响学生的学习情绪，声情并茂的语言，配以亲切和蔼的表情，再时时闪过期待赞许的目光，这种耐心细致、循循善诱、诲人不倦的教学风范无疑会升华为学生高涨的学习热情。

2. 融理于教，培育情商

现在的小学语文教材都是经过精心选编的，每篇课文虽然体裁、风格、内容各异，但是由多篇文章和配套练习组成的每个单元，教学目的的主题明确，这些主题都与社会、生活和自然密切相关，学生在阅读这些内容，做这些练习的时候，不免要与文中的人、事、物开展对话，教师可以引导学生从中对比找出类似于自己生活中的一些东西，启发学生从中思考自己的生活和自己的感受。许多课本中的选文和课外阅读作品，又是有着较强感染力和震撼力的美文，有着深邃的人文内涵，渗透着强烈的时代感和浓重的现代文化，也包含着着浓浓的童心童趣和丰富的审美价值，这种融理于教的阅读学习正是培养学生情商很好的途径。阅读教学主要是让学生通过阅读，读懂字里行间所包含的意思，整体把握文章的主题思想，清楚地感悟作者的文风情感，着重培养学生阅读中的感悟、理解、欣赏和评价能力，在教学中教师可以有意识地指导学生通过朗读、默读、反复读、交流读等多种方式体会和理解文章，在感受中学会理解，在理解中学会欣赏，在欣赏中学会评价，通过丰富多彩的阅读，让学生的情商逐步得以培养和形成。

3. 融智于教，提高情商

语言是传承智慧的钥匙，语文阅读教学是智慧激荡的殿堂，语言智慧所蕴含的文化素养和知识底蕴，无疑会增加人际沟通的魅力，展现更完美的情商。阅读教学是文本、教师、学生三者之间一种独特的沟通活动，要让学生在阅读教学中收获更多的语言智慧，关键是要充分创设适合学生阅读学习的环境，将以上三者融会贯通。首先，阅读教学智慧表现在教师对教材文本的充分解读把握上，具体讲就是根据学生的学习需要，充分利用教材文本的资源特点，引导学生以角色身份走进语言文字所描绘的审美境界中，通过吟诵赏玩，反复咀嚼或反思对话深入体验，既可以从表达方式上深入理解作者表达的感情世界，求得情感体验，体会文本的形式美，也可以从思想内容上引导学生体会，训练学生对情感的语言表达能力，让学生用自己的心，自己的情去实践、感受、体验；其次是教师要主动转变角色，亲近学生，为此教师需要转变教学态度，承担引导者的角色，在教学中善于细心观察学生的喜好、性格和思维方式，用学生易于接受的交流方式与学生进行平等、自由地对话，还要循序渐进，由浅入深，在教材文本的重、难点处设置疑问，调动学生思考积极性，最大限度地调动学生感知，全方位地感受语言文字的魅力和韵味；再次就是在学生和文本之间搭起沟通的桥梁，教师平时要注意多留给学生自由阅读的时间和空间，让学生走近文本，畅快阅读，加深学生对文本的直观感受，教师要时刻鼓励学生积极发问，提出不拘一格的见解，由此唤起学生阅读兴趣，让学生在互动发问和思辨对话中加深对文本的理解。

4. 融法于教，发展情商

一是阅读教学中，教师要注重课内阅读的指导，教师可以结合自身教学风格，合理做好教学设计，调动各种教学资源和手段对学生进行情商培养。在课堂上讲授新课，通过精心创设适合学生情感思维发展的导入情境，如利用图片、音乐、视频等附以教师形象生动的语言，就可以把学生好奇和向往等情绪调动起来，这样的导入可以将学生带入美好的情境之中，学生有了快乐的情感，就容易形成并发展为积极健康的心态。阅读教学中教师既要注重范读，也要注重教给学生朗读的技巧，这样学生不但可以品味文本的语言表达方法，体会作者及其作品中的蕴含的情感态度和价值观，也能促进师生间的情感交流。关键是，在课堂上教师自己要有丰富的情感，面读教材能很快进入角色，通过表情、语调、节奏，全身心引领学生与文本对话，以教师的情感唤起学生的情感，使认知发展和情感发展有机结合起来。二是注重学生的课外阅读指导，这方面比较难的是如何将学生尤其是低年级学生的注意力吸引到读书上，减少外界不良信息的影响，这方面教师的积极引导是关键，针对小学生学习特点，可以循序渐进先制定读书计划，教师帮助学生选择适合阅读的作品和书籍，多开展小组合作读书、家庭亲情读书、读书系列比赛等活动，以各种生动活泼的形式，提高学生读书情趣，其中教师在阅读方法上要加强指导，让学生能独立运用到自己的课外阅读中，让学生学会在阅读中分析、欣赏、讲评、讨论优秀作品。

新课标下的语文课外阅读活动需要不断探索，我们要多实践，让学生多读书、读好书，好读书，在实践中不断积累，逐步提高学生的语文综合素养，陶冶学生的高尚情操，发展学生的良好情商。

参考文献：

1. 张家胜. 论阅读教学中学生情商能力培养的策略［J］. 河南社会科学，2005（5）：84-85.

2. 王敏. 浅谈小学生情商教育［J］. 都市家教月刊，2014（3）：222-223.

3. 洪永山. 新课程背景下小学语文阅读教学智慧的理性思索［J］. 江苏教育研究，2006（12）：8-12.

4. 胡艳. 阅读教学中情感体验的培养［J］. 陕西教育，2011（12）：29.

习作教学"四道关"

语文课程标准对习作的要求是"能具体明确，文从字顺地表述自己意思。"标准还对不同学段的习作制定了不同的目标。这就要求教师在习作教学中必须讲究训练步骤，首先教学生写几句话，然后教学生写片段作文，最后教学生写成篇作文。同时还要讲究教学方法，把握训练重点。笔者在多年的教学实践中发现小学生作文必须通过用词造句、具体记叙、审题立意和有条有理这"四道关"。

一、引领学生通过用词造句"关"

造句是作文的基础，小学生作文必须从写句子开始。低年级的作文主要是看图写话，设定的内容是现成的，要求教师稍加指点学生便能将其说出。但是，许多学生却不能把说出来的内容比较完整地写出来，有些学生写出来的句子很不通顺，原因就在于他们的用词造句能力未过"关"。因此，从作文基本功形成的角度讲，小学作文教学首先要训练学生正确地用词造句，从而准确地记叙客观事物，恰当地表达内心情感。

用词造句的基本要求是用词准确，句子内容完整，合乎语法规则，为此，应当进行两步训练。第一步，训练学生写出包含主语、谓语和宾语的简单句子。如低年级语文课本《在公共汽车上》一图，可以训练学生写出以下几句话："公共汽车上有许多人。小明抢到一个座位，连忙喊小刚来坐。小红坐在椅子上，看见一位老爷爷上车了，马上站起来让座。"第二步，训练学生写出含有修饰或限制成分的比较复杂的句子。如中年级《植树》一图，可以引导学生写出以下一段话："可爱的春天来了，大地又换上了绿装。星期六上午，张老师带领十名少先队员来到山坡上植树。有几名同学抱着一人多高的树苗，围着老师认真地听他讲怎样植树，还有几名同学在挖坑、培土、浇水。大家干得多高兴啊！"

低年级学生写话经常出现的语病有三种。第一种，缺少主语、谓语或宾语，例如："放学了，回家了。"第二种是词语搭配不当，例如："啄木鸟在树干上啄开几只虫子。"第三种是意思重复，例如："春天来了，老师带领我们同学们到山上植树。"要使学生改正这些语病，必须从两方面下功夫：一方面，在阅读课中加强词句教学，引导学生准确理解词语、句子的意思，训练学生使用常用词语，正确地说话、造句；另一方面，在作文指导课上，重视口述作文内容的训练，随时纠正语病。在作文批改中着重修改病句，在作文讲评时着重训练学生发现和修改例文及自己作文中的病句。

用词造句的能力不是在短时间就能训练好的，但是，如果老师注重这项训练，按照科学的方法引导学生，是可以做到句子完整通顺，初步通过用词造句这道"关"的。

二、引领学生通过具体记叙"关"

升入中年级以后，学生开始练习写片段作文，记叙一种动物或植物的样子，记叙一个人的外貌、动作或语言，记叙课间活动或集体劳动的一个场面等。这些作文基本上都是先看后写或者边看边写，都带有"课堂素描"的性质，要完成写作任务，学生必须仔细观察事物，必须抓住事物的主要特点。但是，刚从低年级上来的学生大都不具备这种观察和认识事物的能力，对要记叙的事物经常是"看而不细""识而不准"，因此，他们写出来的作文一般只有百八十个字，只能写出事物的大概情况，缺乏具体的描写和详细的记叙。显然，如何指导学生学会具体记叙，成为作文教学的第二道"关"。

阅读教学不仅能形成和发展阅读能力，而且能培养观察能力和写作能力。在阅读教学中，教师应当有计划地引导学生学习课文作者的观察方法和记叙方法。例如，通过看图作文的教学，使学生懂得观察事物要按照一定的顺序；通过记叙动物和植物的课文教学，使学生知道记叙事物要抓住它的主要特点；通过记叙事件的课文教学，使学生明白对事件的重要情节应当写得比较详细等等。

作文的材料来自平时的观察。因此，教师应当结合各种活动培养学生的观察兴趣和观察习惯，还应当引导学生写日记，积累写作素材，提高观察能力。在作文课上，教师必须着重指导学生观察要写的事物，掌握观察顺序，抓住主要特点。对于那些无法在课堂上展现的事物，如活动场面、家务劳动等，可以用投影、录像等手段展示出来。在观察之后，应当训练学生口头描述要写的事物，次要的内容说得简单些，主要的内容说得详细些。一名学生口述后，启发其他学生评议、补充或修改；个别学生口述后，组织全班学生独自练说，分小组练说。通过这些活动，学生既能掌握记叙的顺序，又能丰富记叙的内容。

在中年级，批改作文应该把内容是否具体当作重点。对于那些内容不够具体的作文，要用眉批和总批指明缺少哪些内容。批改作文之后，应当采用好差作文对比的方式讲评作文，指导学生认识到写得较差的例文在内容上有哪些不足，应当怎样补充。在此基础上，启发学生认识自己的作文在内容上的缺欠，并练习修改。这样的训练次数多了，学生就会渐渐懂得怎样细致描写景物，怎样具体记叙事物或人物，就通过了"具体记叙"这一关。

三、引领学生通过审题立意"关"

进入四年级以后，学生的作文不再是凭借观察具体事物写出来的片段作文，而是凭借审读训练题的要求写出来的成篇作文。其训练方式有两种，一是划范围自由拟题作文，二是命题作文。无论写哪一种作文，学生都需要独立确定中心，独立选择材料，独立布局谋篇。材料选择得恰当不恰当，布局安排得合理不合理，关键在于是否正确地领会了题意，树立了一个明确的写作目的。因此，小学作文的第三道"关"是审题立意。

　　小学生初写成篇作文时，常常有内容离题的现象，也常常有中心不明的现象。这两种现象的出现，根源都在于审题不准，立意不清。所以，在成篇作文的教学中，教师必须重视作前指导这一环节，积极引导学生阅读训练题，不但思索它要求"写什么""怎么写"，而且思索"为什么写"，正如叶圣陶先生所说的那样，"见题而知的，审题而立意"。例如："记叙寒假生活中一件难忘的事，要按照事情的发展顺序去写，重点内容写得具体些，文题自拟。"对这个训练题，应当启发学生思索并回答以下几个问题："1. 这次作文要求我们写什么？2. 寒假生活中哪些事情是难忘的？3. 我们为什么要记叙寒假生活中一件难忘的事？4. 应当怎样记叙这件事情？"如果学生能够正确回答这四个问题，那么，他们在脑海中就会形成"把寒假生活中一件难忘的事写出来，让老师和同学知道我的收获"这个中心意思，就会选择旅游、参观、看课外书、欢度除夕等有意义的题材组织写作，就有可能写出一篇比较好的文章。

　　审题立意的能力一方面来自作文实践，另一方面也来自阅读实践。在阅读教学中，当学生通过品词析句、划分段落和归纳段意等活动理解了全文的主要内容之后，教师要指导学生认识课文的中心思想，并引导学生认识这一中心思想是怎样表达出来的，琢磨课题与中心思想的关系。在作文指导课上，要经常联系学过的课文，启发学生运用某些课文的拟题方法和表达中心的方法，恰当地确定自己的文题，表达习作的中心思想。

四、引领学生通过有条有理"关"

　　文章是对某种客观事物的认识，认识要符合事物的实际情况，要使读者能够明白，记叙就必须有条有理。在低、中年级，由于记叙的事物比较简单，学生写话或作文的记叙大都是合理的。进入高年级之后，由于记叙的事物比较复杂，要写的语句增多，作文中常常出现层次不清、前后颠倒等现象。例如，记叙动物或植物时不能按从头到足或从下到上的顺序描写外形，记叙一处景物时不能按方位顺序描写景物。这类问题不解决，学生的作文能力是很难迈上新台阶的。所以，高年级教师必须在指导学生布局谋篇上多下一些工夫，以帮助他们通过有条有理这一"关"。

布局谋篇的能力是由阅读教学奠定基础的。在中、高年级的阅读教学中，教师必须十分重视划分层次段落的训练。在四年级，应当通过对那些结构规范的自然段的教学，使学生认识段落中词句之间的并列、承接、因果、假设、转折等逻辑关系，学会划分层次，归纳层意。从四年级开始，要通过对那些结构规范的课文的分析，使学生掌握划分段落的几种基本方法，如按时间顺序分段、按事物发展顺序分段、按事物空间位置分段、按事物的不同性质分段等，还要训练学生采用不同的方法归纳段落大意。在此基础上，训练学生寻找作者的写作思路，认清文章各段与全文中心思想的关系，进而懂得作者是根据什么布局谋篇的。

叶圣陶先生曾经指出："提纲越详细也就是想得越清楚，写成整篇越容易。"因此，在作前指导中，当学生审清题意，明确了"写什么"和"为什么写"之后，教师应当启发学生联系学过的课文思考作文的顺序，明确"怎么写"，练习编拟写作提纲。初期提纲可以编得简单些，即只写各段大意，以后要逐步提高要求，训练学生写出各段内部的几层意思，每层意思的几个要点，写得越详细越好。

小学生作文所记叙的事物大都比较简单，一般只需写三五段话，结构不算复杂。如果教师重视布局谋篇的教学，遵循读学写的原则，坚持训练学生先编提纲后起草，并在作文批改和作文讲评中重视写作条理的指导和训练，学生是能够比较快地通过"有条有理"这一关的。

线上教学也需要三"心"二"意"

　　线上课堂对教学提出更高的挑战，要求每位教师要以高度的责任感精心筹划好每一堂课。我在语文线上教学中努力做到了用三"心"即安心、耐心、细心抓好教学每一个环节，关心和教育好每一位学生，用二"意"即两个"有意"促进教学质量的提高，一是有意将课堂与新课标的有机结合，二是有意让学生在课堂上有新收获，取得了良好的效果。

一、安心上好每一堂网课

　　眼下的线上教学虽说实属无奈之举，但又不可或缺，相比线下教学存在着很多难点，疫情也让许多人心中充满了不安和躁动。作为一线教师，我深知责任重大，线上教学也需要对学生高度负责，因此我还是一如既往，想法克服一切困难，用平和的心态精心地准备着每一堂课，做到线上离校不离教，隔空不隔心，用更加富有激情和感召力的教态吸引和感染每一位学生，鼓励和教育他们安心上好每一堂课，在我的努力下，自线上教学以来，我的课堂学生出勤率都是百分之百，我的言传与身教也带动了身边的其他教师。

二、耐心教好每一位学生

　　面对语文基础薄弱，学习有问题的学生，线上课堂需要教师有更多的耐心。特别是对于那些平时学习不用心，家长管束不严，懒散惯了的学生，在线上很容易跟教师玩捉迷藏，钻空子。我首先要求自己心平气和，客观地面对每一位学生，给予他们足够的耐心，加大课堂上与他们的互动和课下与家长的沟通，努力与他们建立起互信。根据他们存在的问题，重点加以关注，帮助他们克服不良习惯，不断巩固线上刚学知识，同时运用积分激励和小组监督与合作学习等，督促这些有问题的学生努力赶上。

三、细心发现每一个问题

线上教学没有了师生面对面的交流，学生也感到似乎脱离了学校的严格管控了，于是线上初期不按时进入课堂，随意关闭摄像头，课上分神走神，随意走开等违反线上上课纪律的现象屡屡出现，这些都可能使线上教学效果大打折扣。对此我首先是细心观察线上摄像头内的每一位学生神态表现，发现问题及时点名提醒纠正，将学生课堂表现纳入积分管理，通过前段时间的严格要求和引导，学生散漫慵懒现象很快得到改观。其次我特别注重细心掌握学生的学情变化，学生的阅读、理解、背诵、书写、口语表达是我教学的关注点，是我课堂上师生互动训练的重点内容，我教学上的细心习惯也潜移默化地影响了学生的学习态度和行为。

四、有意将课堂与语文教学新课标有机地结合部有机地结合部

学好新课标、讲好新课标、用好新课标是当下我们每一位教师应尽的义务，新课标中发挥语文育人功能、语文课程体现的文化引导作用、语文学习方式的新变革、课程学习评价的导向作用等，也一直是我在语文教学中关注和实践的重点。例如我从描写自然的课文中向学生揭示其中蕴含的科学道理与方法，用描写生活的课文增强学生对生活的感悟和热爱，从伟人和英雄人物的事迹中让学生认识革命奋斗的艰难历程和伟大人物的人格魅力，从自然风景描写中让学生感受我们伟大祖国的富饶美丽，从古诗词中让学生感受中华文化的博大精深和源远流长，这些都增强了学生热爱党、热爱祖国、热爱人民、热爱自然的拳拳之心。我在教学中还要求学生的造句写作必须从生活实际出发，引导学生养成课外自主阅读的好习惯，在线上教学上我采用了综合运用集优积分加强对学生的课程学习过程评价

和特殊表现评价，作用积极，效果明显。

五、有意让学生在课堂上获得新收获

学生学习的收获是衡量一节线上课堂是否成功的重要标准。奔着目标讲授，带着问题上课，是我对自己线上教学的一贯要求。鉴于此，我一贯反对在线上对着摄像头喋喋不休，泛泛而谈，特别是针对所教的低年级学生，讲授内容和课后作业安排做到少而精，课程导入做到入情入境，课堂讲授要做到由易到难，以读带写，以说带作，读、说、写有机结合，相互促进，通过多维教学互动促进学生积极思考参与其中，努力抓住每一课的重点，突破每一课的难点，让线上课堂上得既生动又有实效。

让"动态生成"步入小学语文教学

苏霍姆林斯基在《给教师的建议》中强调："一个好的教师，好就好在他能感觉出课的发展逻辑，使课的结构服从于思维的规律性"，教学过程是师生互动交往、追求共同发展的过程，语文教学是帮助学生提高表达能力和理解能力的重要学科，让语文课堂成为动态生成式课堂能够全面提高学生的语文学习能力和理解能力，也是教师立足于以学生为本，关注学生个体差异，满足学生不同的发展需要并促进每个学生得到充分发展的过程。所以我们在要转变观念，简化课堂教学的"备课设计"，让"动态生成"步入小学语文课堂教学。为此我们应关注以下几方面：

一、备课，简化"预设"意欲在"生成"

在新的小学语文教学实践中，我们的备课要突出三点：

1. 备课意欲"搭台"。在课程三大要素中，课程标准和教材一旦确立后不会轻易变化，会在较长一段时期相对保持稳定，而学生则时时表现出"动态"的个体差异。教师在备课时一定要结合时代特点，准确把握学生的心理感受与精神需要，努力创建出符合学生智力发展的情境，在预置教学环节和组织课堂教学方式方面，都要充分考虑如何更好地调动学生的主观能动性，树立以学生主体的意识，掘尽学生课堂出现的各种可能性，将学生作为我们备课的出发点与归属点。

2. 设计力求"简约"。新课程教学标准要求我们不断对教师自己过去的教学方法进行反思。我们的老师大多都深有体会，过去我们将大量的时间和精力花费在教学设计、编写教案上，我们的教案都是将从教学目的、教学重点、教学分析、学法指导、解题训练、课堂板书、教学评价等一一设计尽录在案。这样的教案往往是纯知识性的说教体现得多，动态生成设计则体现得少，有的甚至干脆照搬或模仿别人现成的教案。而实际上课堂教学总是动态变化的，学生的个性是有差异的，因此课堂教学绝不能使用同一样式去套，教学设计的关键在于必须以学生的需求为基本出发点，一定要遵循以学定教的原则。教师必须下功夫去钻研教材和推测学生出现的各种"可能"，要将以如何引导学生参与教学过程作为主要线索，把重点放到如何引导学生去理解上，对类似的策略性设计可仔细揣摩描绘，其他部分则尽可一笔带过。

3. 引导重在"实践"。教师在备课设计与编写教案时，要充分地考虑课堂的实际情况，把每一节40分钟的课堂用足用好。许多老师普遍感到，课堂时间总不够用，不会不觉该下课了，许多该讲的东西还没来得及讲完，只好采用拖堂的办法，无法给学生留出更多的思考和活动的时间。追根溯源，这些老师的观念陈旧无疑是一方面，更重要的是他们习惯了将教学设计程式化，只考虑保障知识传授的总量，没有深刻认识到学生学习知识是一个动态的过程，教师的授课方法与学生的接受能力都是变量，在有限的课堂时间内，教师活动量的有效性需要建立在学生活动量的有效性之上。对语文课堂而言，学生学习活动的有效性就是学生思维过程和语言表达所体现出的有效性，所以在教学设计上，必须考虑设计有师生具体参与操作的活动空间，引导学生参与到更多的语言实践活动中。

二、课堂，回归"真实"凸现出"生成"

语言，来自生活，又应用于生活，服务于生活，这也是语文教学的重要立足点。苏霍姆林斯基说过："儿童是用形象、色彩、声音来思维的。"当老师和学生带着各自不同当量的知识、经验、思考、灵感走入同一课堂时，在教师与学生之间，教师与教材之间，学生与书本之间的交互碰撞交流中，可以想象该会迸发出多少情感与思想的火花啊！从这个角度讲，语文教学就成了学生身心成长的一段历程，它完全是学生知识、思想与情感的真实交流，让教学回归自然，张扬学生个性，把"原汁原味"的学习生活情景再现到语文课堂，是新的语文课程教学实践的必然追求。

1. 创设情境，激发学生的真情实感。传统的教学方式常常让教师在课堂上受制于教材，受缚于教案，课程预设的情况与教学的真实情景往往会出现较大偏差，也就从根本上失去了调动课堂气氛的良机。如一位教师在执教二年级口语课《买文具》时，设计了买卖的情景让学生表演，学生个个对这种设计感到很有趣，跃跃欲试，一位扮演"顾客"的学生说："阿姨，请问练习本多少钱?"扮演"营业员"的学生回答："小朋友要十元钱。"正当教师要夸他们有礼貌时，下面冒出句："要讲讲价，多少钱就不要管了!"教师对这一"冷枪"显然很不满意，"我们主要是看他们能否做到有礼貌，请有的同学不要乱想。"老师这番"斥责"过后，学生变"规矩"了，再没有质疑和辩驳了，始终围绕"有礼貌"练习说话，学生热情也骤然冷落下来。在这里，老师机械地遵循教案上预设行事，并没能抓住学生要"讲价"这一真实想法适时展开讨论，护士学生真实情感的表露，最终彻底扼杀了学生学习的兴趣，因为"儿童的大脑是在建立周围的事物和现象的多方面联系的过程中得到发育和增强的"。反之，若教师能及时调整教案，既注重在买卖实施过程中对学生语言的训练，又关注到学生的兴趣点——合理购物，组织学生在更符合生活真实的情境中合理地进行讨价还价，便会进一步激发学生的学习兴趣，就会让教学充满无限乐趣。所以笔者认为在新课程标准下，教师要着眼于如何做好课堂开发，悉心收集、捕捉和筛选教学反馈中所反映出的有利于促进学生学习的鲜活生活资源，以教案为教学出发点，以兴趣为教学牵引线，做到知识与情景有机交融，据此不断调整和优化教学行为。

2. 弘扬个性，引导学生进行真实交流。由于学生的生活经验、知识阅历、个性特点表现各不相同，对文章的领会感悟自然也就表现出个体的差异性，所以课堂教学中教师要注意在学生阅读形成的独特理解和生成体验的基础上，结合学情及时地组织学生展开课上课下自主探讨或合作交流，使他们的思想与感受充分得到碰撞、吸纳、反思与深化，丰富之前阅读的感与知。如学习《葡萄沟》一课第二段时，可以这样来问学生问题，应该怎样学习这一段呢？同学们意见会不统一，于是教师先让学生自由选择自己喜欢的学习方式学习这一段，然后交流展示自己的阅读心得。有的同学绘声绘色地朗读，表达自己读书的感受；有的同学画出或用语言描绘出自己读书过程所想到的满园葡萄美景；有的背诵自己日常从书本中积累的句子，并用上自己课外积累的好词、好句补充介绍葡萄园；还有几位同学主动合作表演起维吾尔族老乡热情待客的情景……交流中学生都尽情地展示了自己读书的真实感悟，也从展示中学习到了别人的读书方法，从而加深了对课文的理解。可见从"设计执行"走向"动态生成"，课堂教学最终会成为孕育学生人性发展的沃土。

三、课程，打破"封闭"走向"生成"

新课程强调用教材教，教师不再表现为现成教材的忠实执行者，而要成为新课程的开发者与创造者。打破传统教学的预设和封闭，构建起开放而有活力的新课堂，激发出学生学习的活力与乐趣，让智慧直面挑战，让探究心应对刺激。还学生以完整的真实生活世界，让学生成为学习的真正主人，不仅是社会发展的需要，更是学生健康成长的需要。教师要成为课程的开发者与创造者，一是要在兼顾课程共性的前提下自主设计、开发、选择、实施和评价课程，对既定课程可依据学校、班级、学生的实际情况做出相应的安排和适当的剪裁，要珍视孩子童心，激发学生爱好，要有针对性和个性化地去拓展课程的内涵和外延。如学习《燕子》一文，由于学生对动物怀有普遍喜爱的心理，可让学生增加阅读相关的介绍鸟类、小动物的文章，同时，教师要有主动构建课程内容，让报刊、广播、影视、网络、辩论、演讲、广告、自然风光、风俗民情、环球事件等素材成为课程资源引入教学流程，正如苏霍姆林斯基说的"思维，就是生动地、直接地感受周围世界中的形象、画面、现象和事物"。二是当学生理解显露肤浅时，教师要及时引导学生思维走向纵深，对此教师要积极创设宽松的课堂教学环境，构建平等的师生对话平台，目的是突破学生幼稚的思维，开启封闭的心灵，在真诚交流中让思维自由地伸展，同时教师还要鼓励学生大胆探索，不怕权威，敢于向教师和同学发问和质疑。不经意的灵感萌动，随时迸发的思想火花都会成为学生创造的源泉，需要我们用心保护和珍视，只有这样我们的课堂才会永远保持和充满活力，学生的创造性潜能也才有可能会源源不断地被开发出来。

综上所述，树立全新理念，步入动态生成，语文新课程注定要反对独白而崇尚对话，摒弃单一而鼓励多元，打破预设而关注变化，让学生的知识结构实现自主构建与生成，同时让学生充分感受时代气息，把握住生活脉搏，体验到成功乐趣，最终获得智慧、精神、情感、人格等方面的满足，让课堂成为学生收获发展的难忘经历。

让自主探究引领学生的创新思维

　　"艺术课程是一门创造性的课程，艺术教育要关注每个学生的个性特点，充分调动他们的主体意识，为他们创设参与体验、主动探索、积极实践的条件。"而传统的美术教学中，教师的着眼点主要放在绘画技法、知识传授上，弱化了对学生想象、创造性思维等能力的发展。在教学实践中，我积极创设使学生思维能力、创造能力能够得到充分发展的氛围，引导学生在自主探究中掌握美术知识，形成基本技能，发展创造性思维能力。

一、创设探究情境，开启"创新"之门

　　苏霍姆林斯基说过："没有一条富有诗意的、情感的和审美的清泉，就不可能有学生的全面的智力发展。"在小学美术教学中，要精心创设探究情境，创设"一个渗透着教育意图，富有美感，充满智慧和儿童情趣的生活空间"，这是培养儿童美术创造灵性的有效途径。

　　（一）以生活展现情境，提高主动观察的能力

　　生活中处处蕴含着美。我善于引导学生体验"以情感为纽带"的美的生活情境，激发其创造潜能。引导学生在参观游览中体验祖国山河的自然美，在社会交往中辨析真善美，在生活体验中感受家庭的温暖、劳动的快乐，在学习探索中理解科学道理深刻、严谨的美，并指导学生形成敏锐的视觉感受和正确的观察方法。观察是认识事物的起点，是迈向创新的第一步，也是绘画活动中不可缺少的重要部分。活动中有针对性地调动全体学

生的注意力，让他们有目的、有层次地主动观察，并引导其说出明暗、颜色、构图等规律性的绘画因素，经过反复训练，提高学生敏锐的感受事物的能力。

（二）以作品再现情境，引导学生自主创作

创造能力自然地蕴藏在儿童身上。教学中我善于因势利导，充分调动儿童的潜能，让儿童充分活动起来。让学生在美术课上，利用身边易找的材料，采用折、剪、贴、揉、编、接等方法开展美术活动，用毛线、棉花等做他们喜欢的食品、人物、卡通造型，让他们尽情地摆姿势做模型（第九册教学内容），让他们自由描绘树林中的阳光、高高的青松（第五册教学内容），让他们随意勾勒心中的游乐园，充满欢乐地去做手影（第三册教学内容）……在广泛的"写意"过程中去搜索生活中的镜头，去尝试创作，去再现生活，突显鲜活的个性。"艺术学习只有与学生个人成长环境联系起来，从其兴趣、需要、情感、表达出发，才能使学习变得丰富多彩、鲜活充实，并获得持久动力。"

（三）用游戏体会情境，培养美术创造力

"愉悦性"是美术教学的一大特点。"在大量充满情趣的个人或集体的创造、表演、欣赏、交流中，为学生提供丰富的感性材料与信息，参与活动，体现快乐，身心和谐发展。"教学中，我根据儿童的特点，适当设计游戏活动，培养学生的创造力。如教学《为同学画像》时，我提出的要求是给同伴"拍照"，要拍得像，并进行"十佳小摄影师"评选，然后把作品送给同伴作纪念，学生顿时兴趣盎然。这时我借机引导学生自主探讨怎样把"照片"拍得最像（写生方法）。他们都会在趣味性极浓的写生活动中，尽情发挥自己的创造才能，结果作品都十分形象。不仅使学生主动愉快地获得了知识，而且在教学中培养了创造能力。当美术活动能满足小学生的生理和心理需要，直接或间接地发挥他们的聪明才智时，他们对美术也愈感兴趣，创造的动力才会愈加强劲。

教学中亦可"借音乐渲染情境""以实物演示情境""用语言描绘情境"……为学生铺展一个充分的、自主的、全面的自主探究活动情境，让学生获得的审美感受，情感及时得到宣泄，为学生在美术学习中感受美、联想美、追求美、领悟美，为激活创造潜能提供优裕条件。

二、强化主体意识，引导自主探究

布鲁纳的教学观强调"教学应是一种发现探究过程"。美术新课标更加关注学生人格的健全发展，鼓励学生进行体验性、探究性学习。

（一）为学生提供自主探究的时间和空间

传统观念指导下的美术教师，认为美术教学就是以教学为中心，教给学生绘画的方法，让学生学会临摹教师的作品，常常是满堂灌，即使是课堂提问也是仓促点将，很少给学生自由思考的余地，缺少"悟"的过程和独立思考的机会。教学中，我一改这种做法，尽量给每个学生表现自我的机会，引导其大胆创作。如教学《原色、间色和复色》时，先帮助学生理解原色的知识，让学生自主探究间色和复色的知识之后，放手让学生自由调色，并引导学生归纳间色与复色知识。在此基础上根据学生的探究进行直观演示，让学生通过比较纠正不足，修改完善，形成正确的认知，既培养了学习美术的兴趣，又增强了主动探究的意识，有助于学生个性和心理素质的发展。在教学时间和内容分配上，我精心构思，合理布局，做到"悟""导"结合，疏密有间，张弛有度，引导学生将相关内容进行重组。如《为同学画正面像》《为同学画侧面像》《为同学画背面像》等几课内容，先半扶半放地引导学生探究画法，然后开展自学，进行自能绘画、创作，允许学生用夸张的造型、鲜明的色彩、无拘无束的想象、多种多样的表现手法，充分展示各自内心思想和多彩世界，增强成功的喜悦感，培养良好的个性。

（二）指导学生自主学习的方法

良好的学习方法是进行自主活动、提高学习效率的翅膀，是学会学习的时代要求。教学中，我改变传统美术课填鸭式的教学模式，大胆放手，让学生自主地、积极地、全面地参与学习全过程，让学生在自主探究中，感悟绘画的方法和规律，从而学会学习，孕育创新。我不满足于让学生掌握现成的绘画方法，而是引导学生学会观察、学会思维、学会表情达意、学会创作。在教学过程中有机渗透学法，结合实际介绍学法，帮助学生总结学法。同时根据学生的个性差异对学生的自主活动进行及时鼓励、检查、督促，对积极独立思考和独立创作的学生给予及时表扬，使每一个学习个体都得到长足的发展。

三、启发自主想象，激活创造灵性

"想象力是艺术创造的源泉"，想象是美术创造活动的必要组成部分。要让孩子在美术活动中充分表现自我，展示生命价值，要使美术教育发挥它培养创造力的功效，拓宽创造空间，激发孩子去自由想象显得尤为重要。

（一）用绘画题材，启发自由想象

教学中我注意引导学生通过具体形象去联想出与之有关联的其他形象、背景，丰富绘画内容。如：画一个人，他在干什么？表现什么内容？可以再自由添画一些与之呼应的人物，配上必要的背景。如在室内，可添画家具等摆设，在室外可添画树木、花草、建筑、太阳、云彩、鸟儿等陪衬，这样不但丰富了学生的想象力、创造力，而且也起到运用直线、曲线、折线、基本形组合和色彩练习的综合作用，学生们想象力非常丰富，构思也很大胆。另外，我还利用课本中的绘画题材，对教学内容进行扩展，启发儿童展开想象的翅膀，自主添画，进行创造，如利用《布贴画》启发学生进行《线贴画》《纸贴画》等，在想象创作中体现自身价值，启迪创造思维，掌握美术知识。

（二）鼓励学生敢想，保护独特体验

教学中我善于引导学生联系两类不相干的事物，思考用独特的构想和方法将它们表现出来。如儿童画水果的时候，画上眼睛、鼻子、嘴巴；画月亮的时候，画成船形，并画出小朋友坐在上面。设计一些问题、悬念，或者让学生将自己的梦想、幻觉用美术的形式表现出来。如以"我的梦""2008 年的一天"为题让学生自由作画，这种想象活动更能引起孩子浓厚的创作兴趣，强烈地刺激着学生的想象力，更利于创造能力的培养，释放创造能量。进行美术创作活动的儿童都具有尝试新事物的兴趣并有强烈的自发投入的倾向，他们喜欢自由想象，儿童往往更从自己独特的感受出发来表达对事物的认识和看法，而不是直接从事物相互联系的角度看待眼中的事物。因此，在激发想象的活动中，我们应该十分注意保护学生创造的自由性。

（三）拓展想象空间，突出绘画个性

传统教学中，学生因受教师范画的束缚，其作品几乎千篇一律，缺少鲜明的个性，只有把自由还给学生，激发学生自学热情，引发学习动机，才能真正强化学生的主体意识。美术教育思想家罗恩菲德认为，对于儿童来说"创造性"并不需要熟练的技巧，但必须具有某种程度的感性自由，自由是创造性成长的前提。基于这种认识，我改变每课都由教师范画的呆板做法，只提总体要求，在学生自主探究画法之后，鼓励其大胆想象，大胆创新。如教《我们都会做家务》时，先通过语言创设情境，引导学生展开想象，鼓励其把做家务的情境说出来，学生的兴趣马上被调动起来，说的内容十分丰富：有的说怎么学习洗袜子，有的说怎么学习炒菜，手忙脚乱把菜炒煳，有的说学习洗碗把碗打了……通过"想"和"说"既增强了学生的参与意识，提高了他们的学习兴趣，又让教师更好地把握学生思维动态，及时捕捉学生的创造火花，并有针对性地进行引导和提高。我明确地告诉学生，作画没有固定的模式，没有不可改变的方法，在此基础上再引导学生动笔作画，这样学生的作品都表现得无比鲜活而有个性了。

四、鼓励自主评价，体会创新乐趣

"教学过程的评价，不仅是获取知识的途径，而且是培养学生主体能力的重要手段。"新的内容讲授后，要检查学生的知识掌握程度，最有效的方法便是将学生的美术作业全部或部分展示出来，先让大家观摩，然后请学生评价，老师最后小结。我引导学生用"欣赏课"的思想方法去评价美术作品，让学生对美术作品不但观其形，更要晓其意，实现学生主动评价、多元评价，由学生在课堂上被动地听老师评价，变成主动观察、思考、评价、矫正。学生表现得饶有兴趣，积极热情，个个观得仔细，想得周到，评得认真，做到了主动参与，主动探究，自主创新。如在评价"写意牡丹"画时，我引导学生从画面的构图、造型、色彩及画面情趣几个方面对作业进行评价，学生争先恐后发言，有的说："我觉得这幅画用色鲜明和谐，很漂亮"；有的说："那幅画构图巧妙，有趣"；也有的说："我觉得这幅画花朵姿态生动，如果注意一下色彩的搭配，再添画几只小蜜蜂，那就更妙了"，等等。这种让学生自主评价作业的方法，能充分发挥学生的主动性，活跃课堂气氛，使教师也能及时掌握学生的作业情况，发现教学中的不足。通过讲评，激发了学生的求知欲，巩固了所学知识，张扬了创造个性，并能相互借鉴，促使学生的绘画水平得到整体提高。

"从教育观点来看，艺术活动的有形结果不是我们唯一所关心的事情，精神状态以及它产生的爱好也是重要的，真正重要的是要唤起创造的热忱。"总之，小学美术教学中教师要用创新的眼光审视教材和学生，设计新颖教法，把学生真正置于主体地位，引导其自主探究，自由实践，他们才会在掌握美术知识的同时，培养绘画兴趣，形成绘画技能，才会使创造性思维的发展和美术创造力的培养成为可能。让学生在生活中感悟美，在创造中发现美，实现对美的追求。

参考书目：

[1] 中华人民共和国 . 艺术课程标准：实验稿 [M] . 北京：北京大学出版社，2001.

[2] 李吉林 . 李吉林情境教学理论与实践 [M] . 北京：人民日报出版社，1996.

[3] 联合国教科文组织国际教育发展委员会 . 学会生存 [M] . 北京：教育科学出版社，1996.

[4] 周宏，高长梅 . 课堂素质教育手册 [M] . 北京：九州图书出版社，1998.

童心与怀抱

我们有一个纠结，向往着长大，却又不能不为童年的渐渐离去，感到有一种说不出的惆怅。

长大之后，拥有了小时候所渴望的一切，甚至更多。可是我们长大了的生活却是那么的浮躁沉重和烦琐。在高楼矗立摩肩接踵的热闹中，就算外表不可避免地变得成熟，仍保持与生俱来的童心情结。很多时候经意或不经意间都会去追寻逝去的童年。一座老房子，一口老井，一个小伙伴，一朵院落墙角默默开放的小花，都会让我们在日臻成熟渐渐长大的岁月里有一声叹息。我们怀念的不是过去，而是那充满快乐、单纯、朴素的童年。所幸的是，我们的老房子，老照片，老巷子还能在夜深人静的时候让我们有所依傍，在儿时的纯朴中找回霎时的平静和温暖。

我们的孩子，童年在哪儿呢？我们不能实现的梦想，对孩子未来的忧虑，都承载在孩子的瘦小的肩膀上。孩子的童年在家长的重压下，在课业的负担中，在教育的桎梏中，丢失了活泼和欢乐，天真和无邪。没有了田野上的童趣，小溪旁的童真，公园里的童乐。只有单调枯燥乏味和过早承担的沉重。

苍白的短发，空洞的双眸，这竟然是一个十一岁男孩的真实面容。从六岁开始就被家长送入"兴趣班"的男孩，五年间参加了三十多个培训班，学习小提琴，硬笔书法，奥数，英语……从一个天真的孩童变成了一个琴棋书画皆通的"天才少年"。可巨大的压力让他身心疲惫，白发苍苍。

孩子羸弱的肩膀承载了五年"爱心"与"魔鬼"同在的训练，父母的无限期望与孩子的快乐童年，究竟孰轻孰重？谁该为孩子的苍白的童年买单？可悲的是，白发少年的悲哀仍在一个个为孩子打造人生的父母那里延续。我们的教育究竟要走向何方？所以，我把我在教育中的所感所想所悟，最原态的教学呈现了出来。我想给家长，更多的是给自己一个思索的平台。我们做家长和老师的要给孩子一个什么样的童年？给他们一个什么样的生活？是严格的教育还是散漫的自由，是沉重的压力还是恣意的快乐？是爱的束缚和桎梏还是享受快乐和幸福？在带过一个迷茫的一年级后，我试图去寻找一个平衡点，怎样让我们的孩子在快乐中度过童年生活。

一年级的孩子不应是家长的困惑，教师的怨怼，孩子的烦恼。当我试着和孩子建立关系时，我才发现孩子心底的柔软是任何一种力量不能抵抗的。我们坚硬的外壳和饱经风霜在它面前不堪一击。所以只能用柔软融解柔软。这个平衡点是既要有严明的纪律，严格的要求，更要有母爱般的心。每个孩子都是一本经，这本经能不能读下去，就要看我们的爱心耐心诚心，当然这也不否认运气和造化。

每一天，我都在努力维持着平衡，每天都积极地寻找维持师生之间的快乐点和幸福感。当然有烦恼，有伤感，但更多的是快乐和幸福。

在诸多的教育家改革家创新家的呼吁、探求、讨论的包围声中，我作为小学教师，只有一个最朴素最单纯的呐喊。"让孩子们过一个诗意的快乐的童年。"把最真挚的爱给孩子，把单纯善良给孩子，把孩子自己的生活还给孩子。没有文学的夸张，没有高深的理论，没有肆意泛滥的矫情，犹如原野上的一棵不朽的胡杨，微笑着眷顾着注视着树荫下娇嫩的花儿，平心静气地领着孩子们一同行走在童年的路上。

教学生涯中总想给自己和孩子留下些感悟和回忆。因为这里有太多的无奈和更多低调的奢华。这种奢华不是纯物质的，它是极尽灿烂后的朴素。小学一年级的老师和孩子，都被我们很多人忽略不计，都会被轻易地淹没在人群中。可是我们恰恰忘了最低调的实则是高调，最朴素的却是最精致的奢华。当学校又让我带一年级的那一刻，实则我还淹没在一年级的困惑中。我在困惑中再次走进困惑，我把所有的一切原本复制下来。就有了今天的感慨。

　　我把自己当成老农。土地是农民的生命，老农是不敢随意在上面撒播种子的。他也没有挑肥拣瘦的资本，只能在自己的土地上精心耕耘，默默企盼累累的果实。我也如此。不过，只是不能和老农一样去挑选饱满的优良的种子。所以我更愿意让每一粒种子，不管是饱满的还是干瘪的，都能享受到阳光和雨露。我们在他们的心田里播撒的是智慧和德行。德行能让愚笨的人不再愚蠢，改变他的人生。更让聪明的人不至于走上散漫的不归路，让他那颗活泼的心有所依靠，走上正途。

　　愚笨的人永远比聪明人好教育得多。因为他是一片净土，只需去告诉他哪些可以做，哪些可以做得更好，他就会按部就班地去各行其是了。而聪明的人，在你告诉他怎么做之前，他已经有了各种各样怪异的念头，更需要真正的教育。

　　教育者首先要做的是引领自己，然后才是孩子。孩子不应是我们和家长共同铸造的模型。他们有自己的生活。我们只是他们的引路人，没有任何权利决定他们的人生。

　　教学中的感悟还很幼稚，很稚嫩。其中的对与错，深刻与肤浅，偏颇和客观，都以最原始的生活表现出来，等待着诸位小学教育专家给我更多的建议和教正。因为我在小学教育面前，着实是一个懵懂无知的孩子。虽然从事小学教育三十多年，但我更多的是诚惶诚恐。

　　在教学中，有时会因为教育的失败而困惑、迷惘、矛盾和挣扎。只有读书才是唯一解决困境的途径。

思想在语言中旅行

　　教师的生活很枯燥，很单调，光环很少会笼罩在我们头上。金钱和荣誉似乎都与我们无缘，能让我们内心充实斑斓的自然就是读书了。读书能够荡涤浮躁的尘埃污秽，过滤出一股沁人心脾的灵新之气。可以让求知的人从中获知，让无知的人变得有知。所以我们也要引领孩子进入阅读的世界中，让书籍给孩子注入坚强和勇气，种下希望和梦想，磨炼孩子的意志，充实孩子的心灵。我们也会因此从内心里深深地叹息，教学不孤独。只要有一颗阳光灿烂般的心，单调重复的日子也将会是一串串美丽的贝壳。千山万水走到最后，还是自己是否快乐。当我们感到我们的工作在心目中有了意义，才会有成就感，才会感到真正的幸福和快乐。

　　我想，人最终要的应该不是金钱和地位，那就是快乐和幸福吧。年轻的教师们，我很羡慕你们的二十岁三十岁，你们有那么多的时光供你们读书工作或者用来挥霍。可我们还应该给自己留下一个思索的空间。人没有了思想，就是一具躯壳。同样，教学没有了思想，就如同死水微澜。我喜欢读书。年轻时读了很多文学方面的书。青春涌动时最爱琼瑶的千回百转荡气回肠，更欣赏清新朴素自然的三毛，古典的现代的当代的，没有目的，只是因为喜欢。现在读的教学专著，年轻时不曾眷顾它，今天读来却是字字珠玑。闲暇时，还是喜欢泡杯茶，读本书。

　　总结自己的读书，读得精，读得深的少，思考少，评论少。越读书越感觉自己的浅薄和渺小，所以愈是想读，愈是囫囵吞枣。我和儿子读书不同，我读书速度快，从小就如此。一目十行，这是说读小说。而儿子读书却是一字一句地斟酌。当然他读历史百科，所以他理性，我感性。

每次由于读书的目的、兴趣、爱好、专业等因素，所读的书不同。但应该选择能让你动心、动情，又能有思有感有悟的书。想了一遍一年多来读《叶圣陶文集》《余秋雨文集》《儿童纪律教育》《美国语文》《亲爱的安得烈》《我想做个好孩子》《绿山墙的安妮》《窗边的小豆豆》《夏洛的网》等。要求孩子读的大部分都读。

慵懒是一种女人的幸福，懈怠却是一种自我的伤害。它们存在于每个人的内心。我也不例外。可当晚上的写作成为习惯的时候，我会为我的懈怠感到空落。一天的得与失在夜晚更清晰地呈现出来，教育在反思中沉淀，但如果不当时记下来，就会稍纵即逝。当然灯下笔耕的夜晚，绝对没有看书看电视悠闲。不过，再次回看自己的文字，内心里拥有的是生活的满足。每天把所见所感所悟记下来，细细碎碎的表达中，慢慢地就有了自己的思想，有了思想的蜕变。老舍的夫人胡絜青是画家，她说，评论一幅画的好坏，是看这幅画是否能传达出新意。我想一篇文章的好坏也应该如此吧，是否能引起读者的共鸣就可以了。

我在写日记的时候，没有固定的内容，但有一个统一的主题，就是尊重相信每一个孩子，不管是愚笨的，还是聪明的。写孩子，写自己，写思想，写得与失。再教学的时候，就不至于顾此失彼。

我的教育教学中的总结与感想，是因为孩子们拥有了不一样的人生，才有了我的不一样的感悟。我把我的感悟分享给了我的伙伴。她们也拿起了笔，记下了和孩子的点点滴滴。现在我们教研组每天谈论的话题就是昨天自己写了什么，有时还要拿出来大家一起探讨和赏析。我们分享的不只是对孩子的记忆，也是我们自己的人生。我也应临沂书城之约，把我的教学心得历程分享给大家，也真诚地希望能和孩子和家长朋友们有更多的心灵之约。

新学期，我们读什么书？

上一学期，跟孩子们一起读了《米小圈上学记》《双把儿铁锅卡琪娅》《长袜子皮皮》《我们都是六号》《丁丁上学记》等图书。

《米小圈上学记》给孩子们读了第一本的一部分，读得孩子们都兴趣满满，或借或买来了整六册，开始自己阅读时，我就不在课堂上继续读了。读这本书给孩子们听的目的，其一是帮助他们养成爱读书的习惯；其二是因为这套书是以日记体形式写的，希望能够帮助孩子们培养写日记的兴趣、习惯，并学得一些写日记的格式方法；其三，这套书中每次用到四字词语，都会用不同颜色做出标记，可以丰富孩子们的词汇量。

《我们都是六号》是给孩子们全篇读完的，孩子们特别爱听，也很受感动。记得开始读之前，我先询问了我们班孩子谁的学号是六号，然后向大家介绍了这本书。读的过程中，孩子们都沉浸在书中的故事情节里，感动于主人公与人分享的快乐。这本书，让孩子们学会了与朋友分享快乐，快乐会加倍，跟朋友共担痛苦，痛苦会减半。

《双把儿铁锅卡琪娅》和《长袜子皮皮》《柳林风声》都是只读了个开头，为的是吊吊孩子们的胃口，想知道后面的故事，就自己去读吧。《丁丁上学记》这本书孩子们也是很喜欢听我读的。书中的主人公丁丁，在讲述自己故事的同时，介绍了一个又一个学习的好方法小妙招。这些方法，各个学科都有涉及。孩子们很高兴，既听了故事，又学到了知识。每次我开始读，孩子们就马上准备好纸笔，把书里介绍的方法简单记下来，然后去实践试一试。比如，书中提到的吃甘蔗记忆法，孩子们就把它用到了背诵长课文上面，还真是有趣有效呢。

《我爸爸》是一本绘本书，书的内容很简单，画面有趣生动。当我把书投影出来，与孩子们一起边看边读的时候，孩子们不停地笑，开心极了。读完后，我问孩子们："你们的爸爸都是什么样的？"孩子们争先恐后地发言。后来，我们还利用一周时间，让孩子在家庭成员中选择一位，进行每天每时每刻的细致观察，并在周末的时候完成《我爸爸》（也有的是"我妈妈""我爷爷"等等）的写话练习。效果非常好。有的孩子甚至也采用了图文并茂的方式讲述自己的爸爸，虽说没有达到画面多么生动文字多么精彩，但是孩子们一定是喜欢上习作了。

马上又要开学了，这个学期，我们读些什么书呢？

赋闲的日子

随笔一

六天的输液终于遏制住了化脓的伤口，新生肉的生长带着阵阵的疼痛，尤其是结痂处。唯恐再撕裂开来，只好请假在家休息。

真想回到放假的这五天，输液，看电视，聊家常，把工作付之于脑后，尽享在家的天伦之乐。尽管有疼痛，但心底却是最彻底的放松。

在儿童医院输了两天液，父母就不愿意了，还是回家去输吧。再说一天190元的费用也有些舍不得。毕竟县城的医院还是收费低一些。从结婚到现在，真正在娘家住的日子并不多。回来的四天，好像回到了青春时代，只不过饭桌上多了老公。妈妈细细碎碎地说着我们遥远的童年往事，中秋节回老家时的感受，亲人的思念，邻居的近况，村人的纯朴。每一件事想起来都那么温暖亲切，每一个人的记忆都那么清晰深刻。虽然不能见到，回忆起来心底里充满温存。

弟弟买来了横冲直撞的大闸蟹，活蹦乱跳的大对虾。我这弟弟啊，好话是没有的。刚刚还说我没用来着，走在学校里叫人砸伤耳朵，上班途中自己摔伤膝盖。转眼出去，回来就买了好吃的一大堆。眼角悄悄湿润一点点，心里已是暖意洋洋。

妹妹亲自给我输液，呵护备至。伤口的疼痛被亲情淹没，不再肆意妄为。

世上最好的良药，就是亲人的关心和温暖。

心里仍挂念着那群孩子，没有办法，唯一能做的是静心读书。

随笔二

还是在家休息。

独自在家的日子是一种享受，关起门，静卧在沙发上，一边疗伤，一边读书，独享这份宁静。

《傅雷家书》读了一半了。傅雷夫妇作为中国父母的典型，一生苦心孤诣，呕心沥血培养的两个孩子，一个是著名的钢琴大师傅聪，一个是英语特级教师傅敏。傅雷夫妇在家书中对孩子谆谆教诲，与孩子真诚交流，每一封信中都饱含着对孩子深深的眷恋，更有对孩子的严格施教。

傅雷在对人对工作对生活的各方面都要求认真、严肃、一丝不苟。他对待幼小的孩子也是十分严格的。他规定孩子应该怎样说话。怎样行动，做什么。吃什么，不能有所逾越。比方每天回家进餐，他就注意孩子坐得是否端正，手肘靠在桌边的姿势是否妨碍了同席的人。饭菜咀嚼，是否发出丧失礼貌的咀嚼声，管束孩子非常严格。为傅聪以后在成长的过程去战胜多样的障碍和阻力铺下了正当成长的道路。

傅雷夫妇超脱小我，独立思考，因材施教的教育思想成就了一双儿女。

相比傅雷夫妇对孩子的教育，心里惭愧至极，也佩服至深。

很多人对儿童的教育主张任其自然而因势利导的今天，傅雷夫妇给了我们最好的惊醒。大器之成，是有待雕琢的。无论哪一块玉石，都需要巨人的精雕细琢才能光彩于世。儿童的成长更是如此。人爱其子，是一种自然的规律。一个人的生命是有限的，而人的事业却永远无尽。所以，人都想通过亲生的儿女，延续自己的生命，也延续发展自己的希望与事业。傅雷夫妇更是站在为社会，为祖国，为人类世界尽责任的高度去延续生命培养孩子。

我们对孩子的培养，只着眼于小我，小爱，当然我们不能和大师企及。可如果让孩子能真正从小就实施大爱的教育，其效果一定有天壤之别。

物欲横流的今天，提及对孩子实施爱国爱社会的教育，好像许多人已对此不以为然，感觉是在唱高调子而已。实际上，如果从小就把国家利益植根于孩子心中，让孩子从小就有远大的理想和勇于承担起爱祖国爱人民的责任和义务，给孩子一生铺垫最牢固最稳健的基石。想他以后的发展，即使有这或那的小毛病，小习惯，都会稳稳地立于这块厚重的基石上，不至于倾斜或倾倒。学校是对孩子实施爱国教育的重要播种者，父母是给孩子爱国教育的实施者。一个人心中没有无疆的爱，那只能是小爱，自私的爱，最终也不会成为一个心胸宽广装着国家的人。

随笔三

有的家长为了要孩子要成功，做了全职父亲或全职母亲，尽心尽力地为孩子描绘蓝图，设计未来。把孩子的时间挤占得没有一丝空隙，孩子得以喘息的机会都没有，更谈不上让孩子享受童年的快乐。还振振有词地说这是为了孩子长大以后能有"大快乐"，可是像朗朗那样的特例是很少的。很多孩子父母牺牲了孩子的童年，抛却孩子的健康快乐地成长，却没有得到朝思暮想的"大快乐"，并且还搭上了自己的人生，把沉重的包袱都压在了幼小的孩子身上。把大人的情感强加给孩子，让孩子过早承担大人的东西。朗朗的这种成功的模式，不是我们家长要复制的，我们不管是父母还是老师，都没有权利去为孩子设计未来。孩子不是盆景，不是父母想随便修剪的植物。他本应就在大自然中沐浴阳光雨露，承受风风雨雨，经受大自然的洗礼，才能得以健康快乐成长。我们培养孩子时，要保持一种清醒和警觉。不能把孩子私有化、个体化。还是好好读读《傅雷家书》，从中找到合适的培养孩子的最佳途径。

为了孩子舍弃工作事业的全职父母，更是给了孩子无形的沉重的心理压力。要想让孩子成功，要想孩子意志坚强，就应该是父母自己就要在工作中，在事业中以身作则，身先示范，在潜移默化中影响孩子，让自己的优秀品质得以在孩子身上健康发扬。

成功，并不一定就抛弃孩童时的快乐，许多成功人士难道从小就没有快乐吗？

《英国的儿童宣言》中这样说，健康安全成长比成功重要，如果反过来，就太可怕了。

随笔四

在家心急如焚，可伤口还是一下地就出血。为了怕再次撕裂，只好无奈地在家赋闲。

喝氨基酸，喝鸽子汤，喝牛奶，只要对伤口有益，就当药咽了下去。估计伤长好了，人也要减肥了。

着急是没有任何用处的，只能是静下心来养着了。终于明白为什么要用养字了，那是一天天的对身体的滋补煨养，才会让撕裂的伤口一丝丝地愈合。人活在世上，不可能都是一路平坦，有伤痛的日子才会让人珍惜人生。

一个孩子的成长也如同往前滑动的小船，必须有两只浆。一只是惩戒，一只是鼓励，同时划动，才能让孩子拥有健全的人格。

随笔五

顽固的伤口终于一点一点地被愈合。

能疗伤的不只是药物，还有时间。

结婚以来，这竟是最清闲的日子。任何事情不用做，除了吃饭睡觉。这对于我，真是一件最享受最奢侈的事情了，世界原本离开谁都存在的。

不爱做家务的老公，炖鸡汤，熬米粥，端茶，倒水，洗衣服，原来人家竟然啥都会做。窃喜的同时，又盼着自己快点好，唯恐人家伺候烦了。"少来夫妻老来伴"，古话没有错。

《傅雷家书》读完了，心里颇不宁静。傅雷对孩子的教育正是我想对儿子说的，却没有形成书面语言，也没有傅雷先生深厚的文学功底，即使说出来也没有分量。假期去北京，要把这本书带给儿子，让他仔细品读领悟，从中体会父母之情。相信以儿子的悟性和淳厚，一定会对他以后的人生道路有鞭策有启迪。

论发展性课堂教学教师评价

课堂教学评价主要是对教师课堂教学的评价，随着教育改革的不断深入，如何建立系统的、科学的、切实可行的课堂教学教师评价体系愈来愈显得重要。剖析现有课堂教学评价制度，我认为课堂教学的教师评价存在以下几方面的问题：

1. 重单向评价，轻互动交流。在课堂评价方案实施中，评课者与教师往往缺乏充分的相互交流，教师本身也很少能参与对自身的评价。评课者由于缺乏对教师的充分了解，而往往受先入为主的定势影响，或对教师授课中的闪光点产生好的印象，或对教师授课中存在的失误产生不良印象，最终可能对评课结果做出完全相反的结论。更何况还存在着一些为评课而预先经过精心演练润色的讲课，更反映不出任课教师的真正水平。

2. 重教学形式，轻师生需要。评价者预先可能并不十分了解本堂课教师需要解决什么，学生需要掌握什么，评价中只注重讲课内容和教学组织过程，以及课堂中教师采取了哪些新颖的教学形式，课堂气氛如何等，也就是只参与了教学过程的评价，而没有作后续的教学效果评价。其实不论课堂教学如何去组织，去实施，只要能最大限度实现教学效果，满足学生需要，就是一堂好课。

3. 重短期效应，轻未来发展。教学效率和质量是课堂教学的生命线，是课堂教学绩效质和量的根本体现。教学效率和质量的提高离不开课堂上教材、教师、学生等教学三大要素的互动，这种互动得力于诸如特定的教学容量、特定的教学手段、特定的教学方法、特定的教学程序等要素的合理组合，既有策略上的问题，也有技巧上、情感上的问题，不能一蹴而就，而现今教学评价的即效性和现实性原则使得这一切变得相对固定僵化，评价直接与教师奖惩挂钩，迫使教师不得不追求短期效应和现实效益，以牺牲教学效率去追求所谓评价要求的教学质量。

4. 重组织评课，轻多元补充。现在对教师的评课多数重视上级或学校的有组织性的评课活动，而对于其他方面人员的评课，如师自评、师评师、生评师等重视不足，而后者是可以随时进行的，只有实行多元化评课，将评课形式长短结合，才能更客观地反映教师授课水平，体现师生需求，并促使教师在经常性的评判监督中不断地提高业务。

由此可见，改革教育体制，建立以学生为本的教学新体系，就要摒弃传统僵化的教学评价模式，积极探索一种着眼于明天、侧重于发展，有利于教师教学改进的评价，而发展性课堂教学教师评价的提出正是顺应了这种形势。

一、发展性课堂教学教师评价的含义和内容

发展性课堂教学评价，是以促进课堂教学学生发展为目标，运用发展的评价技术和方法，对课堂教学过程中教师的工作职责、素质发展和工作绩效进行评价判断，以促进教师在教学评价中，不断调整自我、发展自我、完善自我进而实现发展目标的过程。发展性课堂教学教师评价可以说是在对应试教育的批判和摒弃的基础上建立起来的，因为它也注重了在教师的主导作用下如何发挥学生的主体作用的评价，也就是教师要更多地研究怎样以满足学生发展的需要而去教。

发展性课堂教学教师评价的内容主要有：

1. 发展性课堂教学目标。课堂教学的发展目标，要围绕知识、能力、思想等方面具体展开，实施中，要抓好课堂教学内容的知识点、重点、难点、教育点、能力点，做到点到位。2. 发展性教学内容。主要指基础知识、基本技能的准确和正确无误的传授，同时要将科学的思想情感的激发、技能的提高贯穿于整个教学内容中，并提供必要的创新发展机会。

3. 发展性教学方法。突出的有（1）启发式教学在课堂教学过程中有效地呈现知识迁移过程，以启迪学生的思维，充分调动学生学习的积极性和主动。（2）互动性教学：课堂教学中教师充分发扬民主，突出学生的主体地位，尊重学生的情感体验，学生学习主动，课堂气氛活跃，在融洽的相互交流中，获得知识的满足，增进师生的情感。（3）面向全体学生的教学：课堂教学面向每一位学生，教学中不仅要因材施教，还要因人施教，充分照顾各类学生的实际要求，最终使不同水平的学生都能获得不同程度的提高和发展。（4）促进性教学：教师在课堂上要留有学生充分表现和质疑的时间，教师要给学生创造必要的条件，让学生有机会尝试和展示自我，鼓励学生大胆质疑，允许学生有不同的见解，通过充分讨论求同存异，共同发展。

4. 发展性教学效果。（1）发展性：课堂上注重发展学生的智力，训练学生的技能，培养学生独立的个性、爱好和特长，充分提高学生的观察力、思维力、自学能力、创造能力、分析问题的能力，使教学目标高程度实现。（2）优效性：教师充分提高每一堂课的利用率，力争用最少的时间取得最大的教学效果，努力做到低耗高效。

二、发展性课堂教学教师评价的主要理论依据

1. 现代管理理论的观点。20 世纪 80 年代以后，现代管理理论出现了深刻的变化，呈现出全新的格局，强调将人性化管理与弹性化组织结构有机结合，把提高个体素质、满足个体需求、调动个体的积极性、主动性和创造性工作放在首位，更强调柔性管理，尊重个人的价值和能力，鼓励和激励每个成员努力实现的未来发展目标，最大限度地发挥成员的积极性和创造性，这也正体现了发展性课堂教学评价的宗旨，发展性课堂教学评价就是要实现教学中成员的民主参与管理形式。

2. 马斯洛的"人的动机理论"。动机是促使个体行为发生的内在动力，是个体内在需要的重要反应。马斯洛把人的需要分为五个等级，包括：生理需要，安全需要，相属相爱的需要，受人尊重的需要和自我实现的需要，其中后两者是高级需要，是促进个体人发展的持久性动力。越来越多的人希望获得尊重并达到自我实现，发展性课堂教学教师评价的实施同样在教学过程中为教师的自我实现的需要提供了机会。

3. 麦格雷戈的 Y 理论。麦格雷戈的 Y 理论认为，人的行为受动机支配，人不是被动的，只要能创造一定条件，人们就会将工作看作是满足自身的一种需要，并且希望把自己的工作做好最终取得成就，因此应当多从管理上找方法，主张积极用启发和引导来代替命令和服从的方法，重视个体的各种内在需求，充分发挥他们自己的能力和技术，以实现组织的发展目标。发展性课堂教学教师评价制度也适应了人的发展动机 Y 理论。

4. 精神激励理论。精神激励理论就是研究如何调动人的积极性的理论，许多管理学家、社会学家和心理学家提出了许多激励理论，强调"精神比物质更重要"，他们深入研究个人的需求，进行了广泛的调查和分析，认为激励的目的在于激发人的正确行为动机，调动人的积极性、主动性和创造性，以充分显现人的智力效应，做出最大贡献。他们认为金钱和奖励不是刺激积极性的唯一动力，事实上人更倾向于是一种"社会人"，每一个个体都不是孤立存在的，而是属于一定的集体，并受集体的约束和影响。教师也是如此，实际上绝大多数教育工作者不是单纯追求金钱收入，他们更多的还有社会、心理方面的需求，即追求人与人之间的友情、成就感和受人尊重等精神的需要，因此，发挥精神激励的重要作用，关键还在于教师和校长的工作态度，即"士气"，"士气"的高低常常由来于教师在社会、心理方面欲望的满足程度，即精神方面的需要，金钱不能代替一切。

三、对发展性课堂教学教师评价实施的建议

发展性课堂教学教师评价的研究和实施尚处于起步阶段，因此当前应把重点放在教师发展性课堂教学活动模式的初步构建，探索全新的多形式的评价方式的效能上面，目的是将教育价值观的更新、教师教育思想的转变、教师课堂基本功的运用、学生自主学习能力的提高等贯穿于教学与评

价中，同步提高学校教学活动管理水平、教师教学素质、学生综合学习素质。具体讲就是，对教师发展性课堂教学活动模式及评价模式的构建进行系统操作，以教师与学生主体作用发挥效果与素质的提高为评价结果，以期在分析和总结的基础上不断完善，为发展性课堂教学教师评价的进一步实施打下一个良好的基础。

1. 实施发展性课堂教学教师评价的准备

（1）确立发展性教学评价观的改革目标。

目的是使全体教师明确发展性教学评价观构建的重要性，认识到现有的课堂教学评价方式存在的局限性、出现问题的严重性。

（2）明确发展性教学教师评价的改革目标。

目的是帮助教师探讨应该用什么样的标准去评价课堂教学，如何帮助教师提高自身的专业素质，实践课程教学中的新的价值观、课程观、学生观。目标是要抓住两个核心，一是建立新的课堂教学教师评价标准，首先要关注学生的学，使教学内容与教学活动尽量贴近学生的生活和情感，教学要紧密联系与现代社会和科技的发展，倡导积极主动、团结合作、创新探究的学习方式，帮助学生学会学习，走进社会，形成正确的人生价值观，努力培养创新精神与实践能力；二是新的课堂教学教师评价要建立以教师自评为主，校长、教师、学生和社会共同参与评价的制度，评价要从有利于教师提高自身业务水平发展综合素质出发，体现可实施、易操作的特点。评价可从发展性课堂教学形式的指导思想，对教师的要求，对教师的益处，改进评价法以及期望对教师和教学及学生有什么促进等方面着重展开。

（3）制定总的教师课堂评价标准、发展性课堂教学教师评价标准应遵循的原则。

导向性原则：坚持素质教育的评价方向，关注教师教学水平的提高，有利于加强和改进学校的教学工作，有利于促进课程的发展，便于教师的自我总结与完善。

科学性原则：评价标准应符合教育科学和课程评价体系的客观规律，

避免主观上的臆断，注重多形式评价方式的有机结合，有助于提高教师的自信心。

互动性原则：评价标准注重课堂教学的师生双向互动和评价者的全员参与，注重领导与教师、学生与教师、家长与教师之间的沟通，建立起主评者与被评者共同参与、相互信任的和谐合作气氛，并贯穿于整个评价过程中。

可操作性原则：评价的指标应简便、明晰、易于操作和推广，将定性分析评价和定量分析评价相结合，形成性评价与总结性评价相结合，把经常反思性评价融入教学的全过程，使自评、互评、他评等有机地结合起来，形成生动活泼的良好评价氛围。

2. 横、纵向结合，开展多元化发展性课堂教师评价

依据确定的发展性课堂教学教师评价的基本要求和标准，着重改进课堂教学方法和教师课堂教学评价办法，突出教学评价中的发展性原则，提高课堂活力和全面提升教学质量。如在怎样驾驭课堂教学、提高课堂教学活力、增进学生学习兴趣和效果方面，可确定以下几个改进重点：以学生为本，一切从学情出发，把质疑问难环节纳入课堂教学；充分调动学生的求知欲、好奇心，挖掘学生潜藏的真情实感，引导学生善于表达、乐于表达；鼓励学生多做求异思维，教师允许并接纳学生对同一问题发表的不同观点和持有的不同速度；课堂教学要面向全体学生，教师对每一位学生要有充分的了解，要从学生自身发展着手，针对不同起点的学生要有不同的要求，采取不同的训练，以期望每一位同学在原有的基础上都有所提高；教师要努力打好个人的教学基本功，努力提高课堂的驾驭能力。

对授课教师的课堂教学建议分阶段、多形式利用全新的教学评价方式进行评价，如可将教师的综合课堂教学评价划分为三个紧密联系又呈台阶式发展的阶段，每一个阶段都确定一个努力目标，当然目标不能定得过高过偏。特别是第一阶段，着重于教师教学思想、教学方法和教学习惯行为等的转变，该阶段能有转变就是一个很大的收获。后两个阶段再着眼于教学水平和教学评价质的提高，教师也不要求千篇一律，在既定目标的基础

上提倡适度性的更多尝试和创新。一般每阶段由评价小组对授课教师集中评价几次，阶段结束时评价小组和任课教师共同认真做好阶段总结，与既定目标进行对照，从正反两方面分析评价，肯定成绩，找出不足，确定下阶段努力的重点。平时要结合教师自评他评、学生评价、家长评价等形式，可采取灵活多样的定性定量评价方式，一般占到评价总成绩的 30% 左右。

3. 几点体会

（1）全面构建发展性课堂教学教师的评价体系，需要自上至下的共同努力，大胆转变教学观念，勇于改革实践，不怕困难和挫折是关键。

（2）建立起一个更完善、更合理有效的教学评价体系，需要一个长期艰苦努力的过程，学校和教师需要做长期不懈的探索和实践。

（3）发展性课堂教学教师的评价体系的构建是一个系统工程，在运行过程中要以改革的态度，对其不断改进和优化。

（4）发展性课堂教学教师的评价体系的构建对教师提出了新的要求，教师必须在实践中，不断加强理论修养，不断确立新的奋斗目标，努力探索，勇于创新，在发展中求完善，在完善中求升华。

主要参考文献：

1. 钟启泉，崔允漷，张华. 基础教育课程改革纲要（试行）解读［M］. 济南：华东师范大学出版社，2001

2. 潘永庆. 教育评价的理论与实践［M］. 济南：泰山出版社，2000

3. 蒋建洲. 发展性教育评价制度的理论与实践研究［M］. 长沙：湖南师范大学出版社，2000

发挥评价激励功能，促进学生主动发展

　　构造促进学生成长，提高教学质量的评价体系是新课改实验的重要任务之一。苏霍姆林斯基在《给教师的建议》中说："促使儿童学习激发他的学习兴趣，使他刻苦学习的最强大的力量，是他对自己的信心和自尊感。"在教学实践中，我也深深地体会到，学生都渴望得到赏识，学生学习成绩差，并非单纯的智力因素，而更主要的是非智力因素等多种心理障碍造成的。改革教学评价，只有从培养学生的非智力因素入手，调动学生的积极性、主动性，树立自信心，增强自尊意识，激发学生学习的欲望，开发学生创造的潜能，才能引导学生逐步走向成功，体验到进步的快乐。因此，我在语文教学中根据学生的实际情况进行了评价教学的初步探索，从"评价标准分层化""评价方式多样化""评价主体多元化"几个方面入手，激发学生的学习兴趣，提高学生的自我评价能力，促进学生个体的积极主动发展。

一、评价标准分层化——依层定标，因人施评

　　新课程改革的核心理念就是"为了每一位孩子的发展"，这一理念追求的是教师要以学生的发展为本，倡导全人育人，追求学生个性化发展，以此为基础确立恰当的教学目标。依层定标，因人施评，目标的设定，要关注学生的差异，有层次性、阶段性。

　　在教学中，我根据学生的智力、心理、学习状况和平时的学习表现做出综合分析，把学生分为三个层次，以便分层教学。这三类学生分别是学

习成绩不好，缺乏自制力的 A 类学生；学有余力的 B 类学生；在班里表现平平，缺乏主见和学习热情的 C 类学生，对各层学生提出不同的要求，做到目标分层。对 B 类学生，严格要求，教育他们不要满足于现状，须知"山外有山，天外有天"，帮助他们确立更高的目标，在语文教学中，让他们充分发挥主观能动性，开动脑筋自行设计和组织语文的实践活动，突出探索和研究方法，培育敢于进取的良好品质。而对 C 类学生帮助他们确立一些容易实现、快速见效的短期目标，如仿写作文、办手抄报等。在平时的教学中，教师要留心捕捉各种合适的机会，向学生传递对他们学习目标实现的热切期望。这些期望目标的学生一定能产生乐观向上的积极情绪，他们从此感觉到他们不再是一群被教师漠不关心的孩子了，他们那种潜藏在内心深处的发愤图强、积极向上的精神面貌被焕发出来，各种积极参加语文活动。对 A 类学生，可选择一些简单易行的目标。在学习《翠鸟》一课后，我对学生是这样要求的：B 类学生仿写一篇描写动物的习作；C 类学生要在其他书刊中搜集描写动物的文章；A 类学生摘抄课文中优美的句子。不同的目标，都是为了让学生在学习中意识和感觉到自己的智慧和力量，体验到成功的快乐。教师可以选择各类学生的点滴成功资料，如学生自己满意的作品，目标完成情况记录等，都放进学生个人成长的档案中，学生通过阅读成长记录，就能看到自己成长进步的轨迹，发现自身的不足，可以进一步提高自我反省和自我评价的能力。

二、评价方式多样化——捕捉时机，相机施评

评价作为师生交流的最有效的方式，贯穿于课堂教学的始终，教师要善于捕捉最佳评价时机，和风细雨般地针对学生不同的情形采取不同的评价方式，以促进学生健康快乐地成长。

1. 激励性语言评价贯穿于教学始终

教师的语言体现着一定的教育思想，直接影响着教育效果。教师的话语看似平常，却是学生成长的阳光，是课堂教学的生命，教师要善于根据具体的教学时机，运用不同的激励性语言，激发学生们的兴趣和提高他们

主动参与的积极性，促其内化为稳定的前进动力。

在一次作文练习课上，一个平时写作不是很好的学生写了一篇《种辣椒》，过程写得详细具体。我发现后，很为他的进步高兴，在班上读了他的文章，有的同学却纷纷指责他"肯定是抄的"，因为"他根本写不出这么好文章"，他努力为自己辩解，说是上过科技课之后，就特别想试一试，真的种了，也真的是自己所写。我当时予以肯定，称赞他能认真观察，写出了自己的真实感受，并通过他的事例引导其他学生，写作文时，要抒发自己的真情实感，他也大受鼓舞。真挚的语言评价最能打动人心，因此，教师一定不要吝啬自己发自内心的真诚赞美，但语言又不能太空泛。如"你比爱因斯坦还能干""你不愧是一个天才"等语句就不合适，孩子会就觉得老师这是在敷衍，甚至是在讽刺挖苦。孩子所期待的赞美要出自老师内心自然的抒发，出自老师真诚而善意的爱，孩子的心理是敏锐的，他们可以从老师的语调、字里行间中感觉出老师的赞美、激励是否真心，如果孩子觉得出自老师的评价是虚情假意，那么，对孩子的伤害则更大。因此，老师的态度要认真、诚恳。如一位学生做摘记时心不在焉、马马虎虎，于是我及时给予"坚持不懈，勤耕不辍，只有用汗水和心血浇灌，才会有更大的收获"，这样的评价才更具真情实感，才更具有更强的激励性。

2. 推行"谈心式"评语

谈心式评语的要点是抓住学生的"闪光点"，老师用"谈心式"的语言，要以表扬为主，肯定学生闪现的点滴成绩，并用艺术性语言提出中肯的批评和建议，使各同类型的学生都能看到自己的进步，感受到老师对自己的期望，从而增强自信心，追求新的进取。评语的载体可以是多种多样的，既可以是批改作业所呈现的三言两语，帮助学生巩固某点进步，也可是书信、自制卡片等形式给学生写评语。只要教师对学生的认识积累到一定的程度，觉得"有感要发"了，就可以给学生写出评语，使学生的过程性和个体差异性更好地体现，使评语改革的内容更加丰富，成为沟通师生情感的一座桥梁。

3. 运用情感式无声语言

作为心理因素的情感，是师生关系的一个重要方面，教师的情感素质在教学中起着很大的作用，对教育效果产生重大影响。教师在教育教学过程中要富有情感，充分发挥情感激励的作用，教师每一个眼神，每一次抚摸，每一个的手势，都可以是评价，它像一缕花香，一股清泉让人心醉，使人感动。

三、评价主体的多元化——关注发展，自主参与

在评价的过程中，要以发展的眼光来看待学生，以学生为评价的主体，让学生也参与到评价中来，增强他们学习的积极主动性，提高他们的自我反思能力。

1. 利用综合评价表，让学生互评

我针对学生设计了综合评价表，对学生的学习发展过程，进行全面评价，激励学生的学习兴趣，坚定其不断发展的信心。综合评价表分为他评、自评，自评要正确看待自我、树立自我；他评要尽量寻找闪光点，评出信心，评出干劲。在教《狼和小羊》一课时，同学们讨论"小羊面对凶恶的狼所说的话，应该用什么样的语气来读？"经过认真讨论后，他们认为读小羊的话应该和读大灰狼的话形成鲜明的对比，于是纷纷试着读。石瑶同学胆子很小，平时从不敢举手发言，但她读课文时，声音稚嫩，很动听，老师就请她读给大家听，在全班同学热情期待的目光鼓励下，石瑶终于站起来读了。刚一读完，同学们就报以热烈的掌声。同学们纷纷评价她，虽然声音小了点，但把小羊软弱的性格，可怜的处境表现得惟妙惟肖。石瑶那红扑扑的小脸蛋上露出喜悦的笑容，小组长在她的评价表中盖了一枚鲜艳的小红花。从那以后，石瑶渐渐地敢举手发言回答问题了。

2. 设立"回音卡"，清扫评价中的"死角"

一个班几十个孩子，爱好不同，性情各异。有的孩子活泼开朗，喜欢当众评价别人，表现自己。而有的孩子也想得到别人的表扬，也想和老师和同学交谈，只是由于性格内向，害羞，不敢评价别人，更不好意思讲自

己的优点，缺乏肯定自我、表现自我、正确对待自我的勇气。我在班中特地设立了"回音箱"，鼓励每一个同学把自己近期的表现用几句话写在纸条上投入信箱内。老师看过学生的纸条后，也以同样的方式回答他们，对他们做出恰当的评价。学生真情实感的流露，正是对自己进行评价激励的体现，充分调动了学生大胆诉说心里话的勇气。

　　激励性评价增强了学生的学习信心，调动了学习积极性，学生逐渐从自卑厌学向自信乐学方向发展。当然，对学生的激励评价要适度，与批评相结合，苏霍姆林斯基指出："过多的表扬会降低它的价值"。一味地表扬激励，会使学生失去对自己的清醒和全面的认识，反而不利于他们下一步的成长，会让他们造成自我感觉良好的错觉，所以不能认为说好不说差才是激励性评价，使学生认识到自身的优势所在。同时，也认识到自己存在的不足，并针对性地提出了改进建议，进行适度的批评，可为受到批评后的激励性评价打下基础。树立学生自信心，使外动力转化为内驱力，促进学生全面、健康、和谐、主动的发展，这样才能更有效地促进学生发展，才是成功的评价激励。

打造优质课堂 提高教学质量

一、课堂教学遵循的理念

好成绩一定离不开好课堂，好课堂一定离不开好的学习氛围，好的学习氛围基于好的班风之下的好的课堂管理，好的课堂管理需要有好教师的管理指导。

1. 好课堂的理念

好课堂之所以称为好是指对教学有效信息的有效传递，也就是说教学效果好。但是教师讲得好不一定就效果好，学生的态度好也不一定就成绩好，学生学得好才是真的好，好课堂最终要落脚到课堂教学效果上。

2. 好教师的理念

教师是课堂教学实施与管理的执行者，好教师不仅是所教的学科的专家，更应该是课堂管理的专家，是学生学习行为的调控专家。

3. 好的课堂管理理念

课堂管理是通过有效地调控课堂中的各种教学因素，采取有效的教学方式与策略，以师生互动为中介，以学生的自我调控为目的，最终实现课堂教学目标的管理过程。一个好的课堂管理要树立以下理念：

一是"关注学生的进步与发展"的理念。要关注到学生的思想、行为、性格、品行等方面的和谐发展，其中如何提高学生的自我控制水平与能力，是教师在课堂教学管理中特别要树立的管理理念。

二是"管理即教育"的理念。在实际的教育实践中，有的教师认为管理工作是班主任的事，还有的老师把管理和教育分割开来，把管理看作是与教学无关的纯粹管理或把管理当成教学的前提。甚至有的教师往往为了完成教学任务和教学目标，不愿花时间和精力去深入研究课堂管理，缺乏课堂管理意识，使得课堂管理苍白无力，使得部分教师在处理课堂突发问题时，只能采取简单粗暴的处理方式，别无他法。所以，必须树立"管理即教育"的理念，把管理纳入教育的全过程。

三是坚持"公正、平等"的理念。教师要有效地管理课堂，必须树立公正、平等的理念。公正、平等就是要求教师面对课堂上出现的妨碍教学的行为，能够公正公平、一视同仁地作出处理，而不受教师对学生的偏好或厌恶情绪的干扰影响。同时，教师的管理决不能武断独裁，在决策时，要鼓励学生积极参与课堂的管理决策活动。

4. 课堂教学遵循的原则

在实际中课堂的管理是多样化的，这种多样化使得教师在教学过程中，有选择性地去应用某种教学技能和策略，但是这些技能和策略的选择一定要遵循课堂的教学的基本原则，这个原则就是要如何保证促进学生全面发展和高效课堂的建立。具体地讲有以下几方面原则：

一是"以人为本"的原则。就是要重视学生的人本因素，通过充分发挥学生的主观能动性，来完成好课堂教学。这是基于尊重学生个体特殊性，按照学生个体的身心发展规律来开展教育教学的原则。教师在课堂的组织与管理中应当注意学生个体之间的差异，针对不同学生的特点，给予个别化指导，这是以学生为本的根本体现，要实现学生个体的全面发展，课堂管理应该为学生全面发展起到助推器的作用。

二是"教育性"原则。课堂管理需要与课堂的教育教学过程紧密结合，要兼顾课堂管理行为的每一个步骤和每一个方面，紧紧围绕如何实现教育教学任务来展开，所制定的课堂管理行为的目标和计划，都应当与教育教学目标紧密联系，课堂管理中人、事、物的组织与安排，要有利于教育教学目标的顺利实现，课堂中教师所有行为都应该起到表率作用，教师行为要限定在教育目标所规定的范围之内。

三是课堂教学"有效性"原则。课堂管理的重要目的就是向课堂要质量、要效益，也就是要贯彻课堂教学的"有效性"原则。每种课型都有自己的特点，学生在不同的课型里所开展的活动也不同，课堂管理就是让课堂资源产生出最大的效益。此外，有效课堂管理的最终目标是尽可能提高教学效率和教学效果。因此教师在解决各种课堂教学问题时更应追求高效性，尽可能用最短时间和最少精力解决好课堂教学的问题，以保证课堂教学顺利完成。

四是"共同参与"原则。共同参与原则强调课堂在有效的管理过程中，教师和学生双方都是主体，特别是要重视并鼓励学生一方的参与，提高学生学习的积极性，产生对集体的向心力和归属感。同时，有效的课堂管理不仅要尽量减少教学过程中出现的问题，还要在解决问题时尽量让学生参与其中，使管理过程也成为学生参与和体验的过程，学生会因此增加一份责任感和"存在感"。

二、当前课堂教学存在的问题

我们一直在谈如何深化课堂教学改革，各级各类教学与管理机构也一直在各个层面上努力探索，积极实践，我们也的确在教学改革探索与实践中取得了很多成效。但是改革无止境，实践一直在路上，毋庸置疑，我们在教学与管理中仍存在着亟须解决的诸多问题，我在这里主要是列举一些我认为目前课堂教学中存在的比较突出并带有普遍性的问题，跟各位老师一起分析讨论。

第一，教师的教学观念的问题。部分教师的观念未变，仍然把教学工作重心放在知识的传授和讲解上，对学生"学"的问题重视不够。课堂上讲得太多，与学生的互动少甚至没有，没有把学生主动学习的积极性调动起来，使学生对这一学科逐渐失去学习的兴趣。

第二，教学目标不明确的问题。教师们的集体备课落实不够，缺少对教学目标如何有效达成的研究，缺少对学生知识形成过程的诱导、对学习知识过程的方法指导，也缺少对学习活动的有效安排。有的尽管板书规范，且有师生互动，但也只是流于形式，还有很重要的一点就是只注重教学，忽视了教育环节，使教育教学脱节。

第三，教学不能充分面向全体学生的问题。很多教师在课堂上只把眼光落到前几排学生身上，很少关注到坐在后面的学生，这样容易造成差生更差的恶性循环，不能在课堂上让学生的成绩在不同的程度上都有所提高。

第四，学生课前预习不够的问题。教师对学生的课前预习重视不够，很多学生上课前没有进行课前预习，这样他们跟上课堂节奏就需要很长时间，教师对哪些问题是学生能解决的，哪些问题是学生解决不了的，也不能做到心中有数，导致老师无法有效完成教学任务，所以在我们进行课改时不能忽视学生学习习惯的养成问题。

第五，教师教学基本功欠佳问题。有些教师的教态、仪表，举手投足之间缺少教师应有的气质，或者言语不规范，或者板书不整洁，不能给学生美的享受，有的教师应变能力差，不能随机处理教学过程中的问题，导致整个教学过程不能达到"以学定教"的要求，课堂教学目标的达成度比较低下。

第六，学习评价中的激励问题。教师们仍然以学生的学习结果作为评价的主要依据，没有把学生的学习过程和劳动付出纳入学习评价中来，评价方式比较单一，学生之间的点评还不能形成争论的话题，不能真正发挥学习评价的激励、导向、纠偏、深化等方面的作用。

以上问题的产生原因有教师基本素质、能力水平的原因，有个别教师责任心不强的原因，有教师的"教"和对学生指导督促不到位的原因，有学生自身缺乏学习主动性和良好学习习惯的原因等。但是最为关键的是，作为教学活动的主导者的教师缺乏符合新课程标准和新教学观、学生观点的主导思想，还没有真正从传统教学的固有思维之中走出来，也没有在教学实践中大胆地探索和尝试把课堂、时间和练习的机会还给学生，还没有在理念和实践中充分相信每个学生都可以在正确的方法教育下，不同程度地取得进步，最终达到学会的目标。

三、对打造优质课堂，提高教学质量的实践探索

（一）采取班级积分管理，助推教学质量提升

1. 积分管理的含义

积分管理就是通过奖分和扣分，对学生的成长和综合表现及时进行数据化积分评价，可按积分排名或积分累计分阶段对学生进行激励的一种新型教育管理方式。积分管理可以持续调动学生的积极性，全方位激发学生的潜能，解决学生管理难，课堂学习效率低等问题，让学生主动成长，让教师幸福工作，让家长轻松教育，让教育和谐发展。

2. 积分管理的实施

成效来自实践，在积分管理上我的做法主要是，建立好积分管理组织框架，制定好积分实施标准，进行日常精细化积分。

（1）合理分组，四级建群。

四级建群主要包括司令部、组长群、小组群、班级群。

司令部：是由班主任和两位热心而又能力突出的家长组成，负责策划设计各种活动和讨论制定积分标准，是班主任管理的得力帮手。

小组群：根据学生的学习差异，管理能力，男女生搭配等方面，每四人一小组，均衡化划分，并用1-4号再细划分。

组长群：选用能吃苦、大胆、泼辣，而且信得过的学生担任组长，可以民主选出。按考试成绩选一般不用担心，最胜任的一定是1号。深入小组去辅导，到家中家访，哪里有积分，哪里就有孩子的挑战。

班级群：作业活动中出现的共性问题（作业、通知）放到班级群交流，相互学习。知己知彼（好的作业、差的作业），每周发几次。

以上是建立对学生管理的框架，要动脑筋，要找准人。

（2）积分标准的制定

协调好各科老师，由易到难，要不断修正，老师在这方面同样要付出很多精力，去完善，去协调，去修订标准。作为班主任如何让每一位任课老师去使用本班积分管理，如我班数学老师带两个班级，作业量大，不能

全批全改的话，怎样去做，涉及管理智慧，还要考虑到如何做到公平公正、机会均等等因素，多次协商，决定每天每组同号 PK 上交作业，给小组奖励分。

英语、体育、美术、科学等学科如何去挑战打卡？我都和任课老师多次讨论协商，制定标准。科学因周四上课，我们在周一、周二、周三打卡，完成计 10 分。

（3）积分挑战如何运用到课堂教学，取得好的效果

①考勤：学生上课状态纳入积分管理，每天按时上课的计 5 分，一周全勤再奖励 5 分。采用课前两分钟考勤，随机抽查某号同学的课堂打卡签到，30 秒没有签到的视为迟到，本周全勤没有；上课后看学生观课时长，以此来保证孩子线上听课。

②晨读课：晨读我们开展了挑战古诗背诵活动，由经申请、遴选取得主播资格的学生担任小主播。这项活动一直持续进行，现在已经进行到了第十七期，全班学生已经挑战成功四十首古诗词背诵，每人获得 40 分奖励，有十位同学被评为最美小主播。

③上课：首先要求学生上课要有仪式感，穿戴整齐，系好红领巾，课堂回答问题要有礼貌，做到的奖励 2 分。其次鼓励学生积极回答问题，奖励 1-3 分，没有获得机会回答问题的不定时给予 1-2 分奖励。为让更多学生有机会积极参与回答问题，经常指定各小组中同号同学踊跃参与。积极回答问题能使学生注意力集中，保证学生听课效果。

④作业：为使学生能及时提交作业，每天前三名提交作业的同学每人奖励 1 分；为让学生认真完成作业，避免粗心、写错别字、不认真审题等现象，对一周作业认真无错误的小组每人奖励 5 分，小组同时获一周挑战无错优胜小组，快乐会议上隆重表彰，连续两周无错误还可以翻倍奖励积分，通过这样严格的挑战引领，现在我班学生不但作业完成质量高，而且能自觉在每天下午 4：00 前完成作业的提交，孩子们在小组群里互相帮助，互相纠错，有的小组长还深入到小组同学家庭中进行家访帮扶，这些效果在我们平时在校上课也难以实现的，这让我们老师开心不已。

⑤额外奖励：额外给予组长2分奖励权限，每天奖励小组内表现最棒的，激励小组内进步最快的，激励效果很不错。

⑥快乐会议：每周一举行，这是闭合一周积分管理的总结表彰会，学生们很期待。获得表彰的同学都会收到由家长精心制作的精美电子奖状，表彰的类型多样，目的是让每位同学都有机会获得奖励，最后环节开启本周的打卡。

每周必表扬的是：打卡小达人（1、2、3名有获奖感言）+进步之星＝全班人数，让每位孩子都能得到表扬。

根据每周活动特点，进行表扬：最美小主播、最美小作家、小小书法家、最美小老师、讲故事大王、讲题小能手、读书小达人、无错误优胜小组、PK赛冠亚季军等。

3. 积分管理取得的效果

（1）变学生"要我学"为"我要学"

经过一段班级积分管理的实行，班内逐渐形成了一种"自主学""我要学""比学赶帮超"的学习局面，特别是小组合作学习引入积分管理，使小组内形成组长和队员千方百计帮助落后学生变被动为主动的氛围。

（2）轻松管理班级常规工作

让班级事务实现微格化管理，管理项目分配给班内学生自主管理，并按管理结果奖励分值，使班级内人人有事干，事事有人管，班级管理变得井井有条，班主任从烦琐班级事务中被解放出来。

（3）轻松打造高效课堂

把教学过程打造成游戏模式进行，以"分"为载体，形成竞争和挑战机制，有竞争有合作，有成功有失败，表面上是"分"的此消彼长，实则是促进了每个人的成长。

（4）轻松提高教学质量

积分管理增强了学生主动学习的意识，提高了学生学习的积极性，促进学生的学习成绩的提高，也就提高了教学质量。这正是我们很多老师在运用了积分管理后所推崇的，也是学生、家长、教师、学校的共同追求。

（5）轻松解决问题学生

主要体现在那些"特殊学生"的转变上。

案例一，e积分让"迷路"的孩子回家了。孙耀诚同学是我班学习成绩最差的一名男生，平时对学习毫无兴趣，上课经常睡觉，下课皮打皮闹，寒假期末考试五科成绩总分仅得337.5分。1月31日是我班寒假打卡积分的第一天，下午孙耀诚家长突然打来电话："吴老师，孙耀诚今天不打卡了吧，他已经睡觉了。"我看了下时间还不到6点钟，"噢，睡得这么早呀，那明天补卡吧。"我答道，其实我知道是家长在帮着孩子撒谎，是为了逃避学习。第二天一大早，他们小组的组长项梁徽同学不断地提醒他："孙耀诚，快点打卡呀！"小组的另外两个同学也不住地催促他。这种办法终于有了效果，孙耀诚竟然开始打卡了，之后的这段时间，我也不间断地鼓励他，出乎意料，2月12日挑战写字一项全班第一个打卡的是孙耀诚，2月13日挑战背诵小组PK赛，孙耀诚竟然一个字也没出错，2月15日的挑战写字打卡孙耀诚还多写了一页呢。我在他的作业上写了一个大大的"棒！！！"字，发到班级群里，全班同学都为他点赞。我班类似情况的还有于仁庆同学，属于一提学习就犯"抽动症"的一类，近段时间，我以对他的写字指导为突破口，每天通过微信单独指导，特别是督促家长配合，让他按时打卡，于仁庆逐渐跟上了全班的学习节奏，家长高兴地说："这孩子真亏了吴老师的操心指导，不然就麻烦了！"

案例二，e积分让熊孩子变"乖"了。朱金田是一名活泼好动一刻也闲不住的男孩，曾经拿别人东西上瘾且不当回事儿，上课注意力不集中，作业写成一把草，家长也是恨铁不成钢而又管理不得法，孩子出现问题后家长往往极其焦虑，又打又骂。上学期周末的一天，妈妈让朱金田下楼去买煎饼，朱金田在返回时捡了一块小石头把邻居停在小区院子一辆崭新的奔驰车划了长长的一道痕，邻居通过查监控找到朱金田家长要求赔偿一万多元，家长自然气不打一处来，捆住孩子的双手和双脚进行惩罚。寒假里，我把朱金田的妈妈拉进积分管理培训群，尤其是2月13日晚上听完专家报告，朱金田妈妈坐不住了，当晚23点11分我收到了一封长长的短信：

吴老师，这么晚打扰了您了，我想知道孩子在您眼里有优点吗？说实话，在我眼里孩子缺点的确很多，我只能找出一点点优点，孩子的爹却说没有优点！今晚朱金田也听课了，听完后问我，妈妈，你怎么不写我的优点呢？是不是我一个优点也没有？能看出来他有点伤心，我就使劲想孩子哪里好，我又打电话问了我小姨和我姐姐，她们也说出了一些。十点了他还不睡，一直等我写出来，他看后才回去睡觉了。说实话我很想鼓励鼓励他，能找到他的开关，改掉他的不良习惯。吴老师，您能说出他的优点吗？我看了这段话，感受到家长那种急切焦虑的心情，我一口气写了朱金田的十个优点，最后我写道：你的优点还有好多呢！老师不再一一列举了，回头老师会单独告诉你的。2月15日晚上，李维新老师的报告开始就引用了朱金田这个案例，结束时又表扬了他们小组的打卡积分，肯定了朱金田的进步。报告一结束，朱金田妈妈激动地给我打来电话说："孩子和我一直听完报告，您指出的十个优点对孩子的鼓励特别特别大，谢谢您！他也一直在听我们打电话，听到您的鼓励和表扬，他眼里含着泪花默默地钻进被窝里。"之后每天的打卡积分更调动了他参与其中的那股劲儿，每天都早早起床背诵古诗、诵读英语、认真写作业、帮妈妈做家务……，每天的打卡积分都保持了满分，老师和家长看在眼里，喜在心上，不由得说朱金田变"乖"了。

（二）优化课堂教与学，提升课堂教学有效性

1. 充分做好课堂"战前"准备——备课

苏霍姆林斯基曾说过："如果学生在掌握知识的道路上，没有迈出哪怕是小小的一步，那对他来说，这是一堂无益的课。无效的劳动是每个教师和学生都面临的最大的潜在危险。"实现有效课堂使教师提高课堂教学质量的第一步，要保证一堂课教学的有效性，要重视课前备课这一重要环节，我认为应该重点做好以下几方面：

（1）认真确定好课堂的教学目标。拟定的教学目标要切合学生实际，要具体且有可操作性，按照学生"最近发展区"原则，让学生"跳一跳能摘到果子"，教师在备课前，要认真研读教材、教学参考书，对教授内容

的三维目标（知识和技能、过程和方法、情感态度和价值观）、教材编写特点等要尽力做到了如指掌。

（2）切实制定好课堂的教学设计。教师备课必须注意，我们的备课不是备教师应该怎样"教"，而是备学生应该怎样"学"，也就是要关注学生在课堂上的学习过程，为此教师预先要充分了解学生当前的学习基础和学习状态，要预设学生对哪些内容感觉学习困难较大，应该如何解决。为促进学生积极思考与解决问题，对容易产生歧义和适合通过探索容易产生独特见解的内容，可以精心设计互动环节，活跃课堂气氛，提高学生学习兴趣。

（3）要重视课堂教学行为在课堂教学中的作用。课堂教学行为表现为教师的"教"和学生的"学"的两方互动，特别是对于学生如何"学"的行为方式越来越重视，可以说学生的学习方式都是在教师具体组织、指导等教学行为下发生的。因此，教师在课堂教学中的每一个具体行为都应当精心地思考、精巧地设计。我认为教师的教学行为设计应当树立三种意识：一是平等意识，要建立一种课堂上师生平等、和谐的关系，教师要树立"以学生为本"的教学理念，不仅把自己当作教学过程的组织者，还应把自己当作学习的参与者与合作者，教师要敢于放下身架，俯下身子与学生平等交流；二是兴趣意识，兴趣是最好的老师，教师要深入了解学生的学情，紧密结合教学内容，努力创设出各种生动形象的教学情境，以激发学生的学习兴趣，引导他们积极、主动地参与到学习中；三是倾听意识，我们教师更需要有一双善于倾听的耳朵，教师教学中在组织学生讨论、交流问题时，要善于关注、倾听学生当中涌现出的各种各类信息，对信息进行分析、筛选和组合，引导和激发学生去发现，去思考，解决实际问题。有了教师的倾听，才会有师生间、生生间有效的互动，才会有学生对新知识的建构和获取知识能力的提高。

2. 用激情带动学生，焕发课堂活力

在我的教学生涯中，常年的班主任工作让我感悟到："教育事业就是播撒爱心的事业"，无论是课堂，还是课下，我都注重从学生心理特点出

209

发，让他们在无拘无束，生动活泼的气氛中发展和成长。长期与学生朝夕相处，让我们师生间成为不可分割的朋友和伙伴。这些年来接手不少比较散漫、后进生集中的班级，但我一直坚守这样的工作原则，就是"关爱每一位学生，让激情带动学生，绝不让一名学生掉队！"所以在我的课堂上，站在讲台，面向学生的那一刻，我始终都会面带微笑，精神抖擞，讲课充满激情，把快乐的情绪、积极的心态传递给学生，这样课堂上学生的学习效率就有可能会成倍地提高。

3. 关注每个学生，提高课堂凝聚力

小班化教育成为基础教育发展的趋势，也使得让每一位学生享受教育的"阳光普照"更容易实现，在课堂中"关注每一位学生"也是与新课程改革这种理念相吻合。这方面我主要是做了以下几方面的尝试：

（1）课堂上让每一位学生都有发言的机会。我在备课时不仅要备教材，更要备学生，什么样的问题让哪一个学生回答，要做到心中有数，一堂课下来，要让每个学生都有发言的机会，让不同层次的学生都得到相应的锻炼（可以举例，针对优等生、中等生、学困生课堂设计回答的问题）。

（2）分层设计练习。针对不同基础水平的学生分层设计练习和作业，让学生养成能独立完成的良好学习习惯，同时及时做好辅导，多做鼓励。

（3）引导建立良好的小组合作学习关系。对于小组合作学习，我主要是根据不同的教学内容，采用不同的建组方式：对于容易探究的知识，采取同质小组的形式，避免异质小组内学优生的包办；对于有难度的探究知识，则采取异质小组，变学生的个体差异为教学的一种可利用资源，让不同层次的学生在参与合作中互相学习并充分发挥自己的长处，协同完成学习任务。此外，根据学习内容变化，还采取自主小组、同异质混合小组、男女小组等各种形式，确保小组合作学习的有效性。

（4）对学生有针对性地分层评价。教师要重视利用激励性评价，用发展的眼光对不同层次学生做好相应的提问、自学、讨论、练习等，分层次采取不同的评价方法，评价方式主要采取绝对性评价（评价学生教学目标的达成度）、相对性评价（学生之间相对差距的评价）、参照性评价（学生或小组与自身历史表现的比较评价），几种评价或单独用，或结合用，实现了分层评价，有利于减少学生学习压力，培养学生的自信心和学习兴趣。

（5）努力做到作业面批。作业面批是加强个别辅导、帮助学习困难学生提高学习成绩的好方法，面批不仅了解了作业的结果，更了解了学生思维的过程。面批有机会直面每一位学生，对于目前小班化是容易做到的。面批最重要的是通过面批，可以及时指出学生的主要问题并帮助找出解决问题的办法，既能保护其自尊心又能激发其自信心，根据不同类型的学生采取不同的方法，因材施教，会能收到事半功倍的效果。

4. 教法灵活多样，达成学习目标

课堂教学的方法多种多样，国内外教育理论界也总结了各类不同的固定教学方法，譬如讲授法、讨论法、练习法、实验法、启发法等等。我们常说"教无定法，贵在得法。"不同的内容、不同的课型，有不同的教法；相同的内容、相同的课型，因为各自的风格不同，习惯不同，教法也不相同。教师应根据不同教学内容的不同要求，不同教育对象的不同思维特点，选择恰当的教学方法。如低年级偏重直观操作学习法，高年级偏重于知识迁移学习法及尝试学习法等。无论采用哪种教法，教师都是为了完成教学目标，都要重视激发学生学习的兴趣，因为它是学生学习动机中最现实最活跃的成分。所以我在教学中基于教学方法之上的教学策略就是激发学生兴趣，让课堂激情四射，让学生倾情投入，持续提高课堂教学质量。为此我主要采取以下几种措施：

（1）游戏化设计激发学生兴趣。尤其是对于低年级学生，将各种游戏灵活引入教学，能够激起学生的更大的兴趣。所以，在教学中，教师不但要鼓励学生玩，还要和学生们一起玩，并且组织好学生的玩，使学生玩得有用，有意义。语文学习与生活密切相关，不乏带有探索竞赛的内容，会激起参加游戏的人的渴望获胜的心理，这就使参加活动的学生产生浓厚的兴趣，会积极地去学，这样有助于克服学生中腼腆羞怯的心理障碍。孩子们在游戏中，不但能陶冶情操，而且会激发表达的欲望，无形中提升了语文实践的表达水平，最大限度地调动了学生参与活动并积极学习的主动性和积极性。所以教师应根据教学内容，恰当地把游戏引入课堂，让孩子们在游戏中参与语言交际，在游戏中学会使用语言，寓教于乐。

（2）生活化设置提高学习效率。课堂中学生会对各种情境感兴趣，教学时教师就以通过设置各种有趣的情境吸引学生的注意力，学生在情境学习中不但不会感觉枯燥，而且会感到很有趣，可以激发学生对知识的求知欲和好奇心，好奇心被激发出来，学生就会自觉地去探索学习，课堂的效率就会明显提升，学生的学习效果也会变得更好。

（3）情感化引导催化学习效果。每位学生都有自尊心，受到尊重的学生往往在各个方面都表现得比较优秀。为了让学生产生好学心理，我在语文教学中注重情感化指导，如在语文教学中结合教学内容适时引入情感引导，在讲授《地震中的父与子》一课时，突出地震中的亲情和责任，用丰沛的感情、丰富的语言，在切身体会式的范读和理解中将学生带入，体会其中动人心弦的情感，引导学生从事到情、从人到情、从爱到情得到最终的情感归结：人活在世上要有一颗责任心和使命感，不仅要为自己活，还要为关心自己的人活。除此之外，在教学中，教师应该注重与学生的情感交流，多做情感激励，通过激励让学生集中精力认真听讲，当学生回答提问时，不管学生作答如何，首先我们应该对学生的回答勇气和态度给予充分肯定和表扬，避免因学生受到一次打击而失去学习兴趣。所以好的教学方法更应该成为一门教学艺术，成为学生对这门学科产生兴趣的导因。

（三）促进教师自身专业化发展与成长

教师专业化可以说是现代教育发展的必然要求，作为一名教师，最重要的就是在教学方面的成长，使得教师自身在专业理念、教学品德、精神追求方面更能发挥示范作用，以此来提升自身师德、更新自身理念、提高自身专业化发展水平。在现代教育理念下，教师只有不断扩充自身的知识面，发展好自身的专业化，才能站得更高、看得更远，以广博的知识赢得学生的尊重和认可。关于如何促进教师自身专业化发展与成长，我主要从以下几方面谈一下。

1. 教师要善于与书为友，与经典为友

（1）读书能优化教师的知识结构，满足现代教育发展的需求。教师需要拥有有利于开展有效教育教学工作的普通文化知识，这就是所谓的"通识性"知识，这些知识无论是对促进学生的全面成长还是对教师自身专业发展都是很有用的。教师要通过广博的阅读，爱获得通识性知识，因此教师必须博览群书，做到兼收并蓄，才能构建起教师适应现代教育发展所必需的通识性知识大厦，才能满足未来教育发展的需要。

（2）与经典为友，可以使一个教师成为有思想的成功者。教师可以多读一些能代表人类精神文明境界的经典著作。与经典为友，就是与人类崇高的精神开展对话，它赋予教师深厚的文化底蕴、高品位的人文修养和赏心夺目的艺术美感，培育教师有抱负、有学识的智者气质。

2. 积极参与课程建设和教学研究是教师专业成长的重要举措

（1）加强学科组与备课组建设，促进教师共同提高。第一，组长负责制。由学校精选学科组长、备课组长，赋予学科组长、备课组长足够的自主权，包括决策权、执行权、评价权等。组长制订计划、明确分工、责任到人，确保各项活动有序开展。第二，加强管理与监督。学校教导处负责制订学科组、备课组的管理制度，要求学科组、备课组每周定时、定点、定内容、定主讲人开展相关活动；行政领导每人挂靠三个学科组、备课组，并参与组内各项活动，加强工作指导；强化对集体备课情况的检查，保证备课组活动的有效开展。第三，活动形式多元化。一是通过大量的教研活动，如听课、评课、竞赛等形式开展听评会诊和同事互助；二是推精品，即打造精品课堂、精品课案、精品课题等；三是让教师在教学中随时随地针对问题短板开展教研活动。

（2）加强集体备课，促进教师在学科知识和教学技能上互补互促、互激互进。第一，在教材内容的安排上，追求变通性、灵活性，要求教师在集体备课时把握好新课程标准，适当精选和补充新内容。第二，集体备课时要多关注学生的智能发展水平和成长的内在动力，每个教案都应体现自主、合作、探究的学习方式。因此，要求教师在备课时对教学要求及教材要进行深入的研究分析，有针对性地组织学生开展活动，明确课前、课中和课后的各项要求。第三，集体备课要突出"议"的环节。教案编写使用包括"草、议、审、用、结"5个环节，其中"议"应作为关键环节，要求全体教师集体备课时充分开展讨论，通过集体研议达成共识，形成适用的教案。

（3）以校本科研为主要手段，引领教师实现由经验型向学习型再向学者型的转换。第一，建立教师全员参与课题研究的科研促进机制。全体教师都要关注教学过程中的实际问题，把问题变为课题开展研究，课题研究应注重针对性和实效性，要带着研究意识和确立适宜的角度去规范教学的行为模式，学会在教学中研究和在研究中教学。第二，建立和健全有效的科研管理机制。加强课题研究的管理，做到课题申报与评审立项有章可循，课题研究进程规范有序，课题成果鉴定科学真实。第三，创建开放性的科研管理体制。通过"走出去"和"请进来"等有效手段开展教育科研工作。定期邀请知名专家到校指导科研工作并直接参与教师的课题研究，派出骨干教师到外地、外校开展科研交流，谋求共同发展。

（4）以教学竞赛作为载体，促进教师成长。学校针对教学定期开展评优评先和技能比武活动，以激发教师的自我发展内驱力，提升教师专业成长动力。

3. 把教学反思作为教师专业成长的必由之路

教学反思是提升教师专业水平的有效手段，是教师专业发展和自我成长的助推剂。教师应具有较强的反思能力，通过反思不断更新自身教育观念，改善日常教学行为，提升教育教学水平，使自己真正成为教学和研究的主人，从而实现自身的专业发展。

（1）教育事件的反思。教师在教育教学实践中，经常因遇到各种问题产生困惑、焦虑和冲突，他们会自觉地进行思考、反思，这意味着教师学会了用自己的理性思考来评判个人的教育教学行为，试图努力解决教育过程中的问题。教师在自我反思中，重新理解了学校教育，重新理解了自己的学生，教师的专业水平在这种反思得到提升。

（2）教学过程的反思。教师审视和分析自己的教学行为、教学决策和教学结果过程，就是对教材内容的取舍和补充、对教学目标和对教学重点的揣摩等，典型方式是撰写教学后记。通过撰写教学后记，对自己的教学过程重新认识并做出最新评价，肯定所取得的成绩，找出其中尚未解决的问题，分析产生的具体原因，及时提出改进教学的具体有效措施。教学反思能促进教师积极主动地研究教学问题，进一步使教师树立终身学习的意识，不断地反思和发现问题，积极寻找新思想与新策略来解决各类问题。

4. 校本培训是教师专业成长的必要手段

（1）加强师德师风建设。学校必须下大力气加强师德培训，端正师风、规范教学行为，保持教师对教育事业投入的热情和教学工作负有的责任感。

（2）加强新课程理论培训，使教师不断适应课程改革的需要。通过新课程理论培训更新教师的教育观念，增强教师教育创新意识和创新能力，构建教师合理的知识结构，及时让教师掌握新课程的理念和教学技能。

（3）加强教育科研培训，提高教师科研水平。通过课题培训使教师切实掌握课题研究的步骤、方法及措施，并有能力开展课题研究，将教学与科研有机地融为一体。

（4）加强信息技术培训，提高课堂教学效益。通过信息技术培训，特别是最新教育技术培训和英特尔未来英才教育项目培训，帮助教师掌握好多媒体技术，提高资源利用、课件制作及信息技术与学科整合设计的应用能力。

通过以上有计划、有目标、有层次的校本培训，可以全面提高教师的职业道德素质、教育教学水平和教育教学能力，有力地促进教师的专业成长。